Notre France

Raphaël Glucksmann

Notre France

*Dire et aimer
ce que nous sommes*

ALLARY ÉDITIONS
RUE D'HAUTEVILLE, PARIS Xᵉ

Pour Glucks et Fanfan,
Inséparables, vraiment.
Merci.

Invitation au voyage

Nous allons bientôt mourir. Nous le sentons, le savons, le répétons jusqu'à la nausée. Notre scène publique ressemble au mur des Lamentations. Intellectuels, politiques et journalistes nous distribuent l'extrême-onction et organisent nos funérailles. Ci-gît la France, vieille et grande nation morte de ne plus savoir comment ni pourquoi vivre.

Pris séparément, Jeanne, David, Paul et Leïla se portent peut-être à merveille. Mais, collectivement, en tant que peuple, ils sont à l'agonie. Tous les sondages confirment ce paradoxe français : plutôt optimistes quant à notre situation personnelle, nous tombons dans un pessimisme sans égal dès que la question porte sur l'avenir de notre pays. Nous évaluons notre bien-être individuel de la même façon que les Hollandais ou les Belges et notre destin commun à la

manière des Irakiens et des Afghans. Comment expliquer pareille déprime ?

Certes, nous sommes malades : notre économie
stagne, notre aura internationale décline, le chômage
ne se résorbe pas et des centaines de milliers de nos
compatriotes dorment dans la rue ou font la queue
aux Restos du cœur. Mais pourquoi une accumu-
lation d'échecs et d'injustices parfaitement réver-
sibles devient-elle à nos yeux une fatalité ? Blâmer
Bruxelles, les immigrés ou les dieux pour des maux
dont notre apathie est la cause première : voilà la définition même d'une aliénation. La maladie française
du siècle est d'abord mentale, spirituelle avant d'être
matérielle.

Chaque défi à relever se mue dans nos têtes
angoissées en problème existentiel. Trente mille
réfugiés syriens à accueillir quand l'Allemagne en
reçoit un million ? Une menace pour notre identité !
La construction européenne, ce vieux rêve français ? Une menace pour notre identité ! L'immigration, pourtant de moins en moins « massive » ? Une
menace pour notre identité ! La mondialisation ?
Une menace pour notre identité ! Mais quelle est
donc cette « identité » que chaque vent du large paraît
devoir emporter et dissoudre ?

À nous écouter, l'Orient et l'Occident, les ennemis de l'intérieur et de l'extérieur, les lobbys de Wall Street et les boat people de Méditerranée participent tous, volontairement ou non, à l'érosion de notre être. Pour protéger ce que nous croyons être – une myriade d'AOC que nous nommons « identité » – nous multiplions les lignes Maginot. Pour préserver notre terre, notre langue, nos traditions, notre mode de vie, nous creusons des tranchées imaginaires et nous élevons des miradors conceptuels.

Il fut pourtant un temps où nous abattions les murs au lieu de les ériger, un temps où nous prétendions, pour le meilleur (les droits de l'homme) et le pire (la colonisation), exposer, proposer, imposer à l'humanité nos « Lumières », où le monde s'offrait à nous comme une aventure plutôt qu'une menace, où la rencontre de l'autre n'impliquait pas la disparition de soi, mais son enrichissement, où la politique était affaire de projection plus que de protection, où le présent comme l'avenir n'étaient pas synonymes de déclin, où la mort enfin n'apparaissait pas seule à l'horizon. Qu'est-il donc advenu au chant épique de Hugo et Gary, de Jeanne d'Arc et Jules Ferry ? Où sont passés l'audace de Danton, le culot de Mirabeau, la verve de Jaurès ?

11

Quelque chose d'essentiel et d'immatériel s'est brisé, quelque chose d'insaisissable et pourtant indispensable : le bonheur, la fierté d'être ce que nous sommes, d'être français. Une identité nationale n'est ni une donnée naturelle, ni un fichier d'état civil. Elle n'est pas innée et ne sera jamais définitivement acquise. C'est une construction politique et sociale complexe à cultiver sans relâche, sous peine de la voir se déliter. Le plus beau palais édifié par l'homme comme la plus simple demeure, s'ils ne sont pas entretenus, finissent par tomber en ruine.

Voilà ce qui est arrivé à l'identité française. Une élite indolente a cessé de la dire et de la faire vivre, des brèches sont apparues qui sont devenues des failles béantes. Plongée dans un trop long silence, la France a commencé à avoir peur. Peur du temps qui passe, peur des autres, peur du monde. Demain, qui était pour elle hier encore une immense promesse, prend aujourd'hui les traits d'une malédiction fatale. Notre nation s'est abîmée et personne – parmi les maîtres supposés « progressistes » de l'époque – ne s'est levé pour la redresser.

D'autres bardes sont alors sortis du néant dans lequel d'antiques trahisons les avaient relégués. Ils ont (re)commencé à chanter la France avec leur voix de crécelle et leurs mots petits et rances, des mots qu'elle rejetait autrefois et qu'elle accepte désormais faute de mieux, des mots qui lui dessinent un autre visage, grimaçant d'angoisse et de ressentiment, le visage d'un pays parquant des réfugiés dans des bidonvilles et lançant des croisades dans des cantines scolaires. Ce visage ne doit pas, ne peut pas être celui de la France.

*

Le 13 mars 1851, pour mettre fin à la Deuxième République, le premier geste fort de Louis Napoléon Bonaparte fut d'envoyer la police au Collège de France pour fermer le cours de Michelet. Avant de briser les institutions démocratiques, il lui fallait s'assurer la maîtrise du récit national. Le contrôle de l'Histoire constitue chez nous l'enjeu politique, métapolitique, *identitaire* ultime. Celui qui dit d'où nous venons préside à nos destinées.

Sur le coup, les protestations étudiantes ne sauvèrent pas les leçons de la place Marcelin-Berthelot, mais Michelet finit par terrasser Napoléon. Les armes du second ne pouvaient que s'incliner devant les mots du premier. Le chant dominant était alors républicain, habité par l'esprit des Lumières. Il forgeait pour notre nation un destin que ni la police impériale, ni les puissances d'argent n'étaient en mesure de contrecarrer. Ce n'est plus le cas. Les tenants de la France ouverte, universaliste, progressiste de 1789, 1848 ou 1870 ont perdu la bataille des mots et du récit.

Pour la première fois sans doute, et sans avoir besoin des hordes cosaques de 1814 ou des tanks allemands de 1940, les héritiers vociférants de Maurras et Barrès inhibent ceux, putatifs et muets, de Voltaire et Zola. Ils aiment mal la France au regard de ce qu'elle fut et de ce qu'elle est appelée à redevenir, mais ils semblent l'aimer davantage. Et leurs passions tristes triomphent aisément de notre triste absence de passion.

Kidnappant notre patrimoine commun, ils enferment notre présent et notre futur dans des grilles de lecture en forme de barreaux de prison. La tentation du repli submerge le pays qui prétendit jadis parler à tous les hommes. Les digues sautent une à une et nous ne parvenons pas à résister. Nous avons dormi si longtemps, si profondément que nous ne trouvons plus ni les mots ni les gestes pour faire face. Les chroniqueurs du déclin nous volent notre histoire et

nous n'avons ni les outils, ni les connaissances, ni
– surtout – l'énergie pour la reprendre.

Nous avons oublié qui nous sommes, d'où nous
venons, vers où nous marchons. Avant de mener
le combat des programmes, avant de débattre des
réformes, avant de penser aux élections, c'est ce
grand oubli qu'il faut réparer. Sans inscrire nos luttes
dans le récit national dont nous sommes tous les héritiers, nous sommes condamnés à la défaite. Faute de
partir à la reconquête de notre passé, nous perdrons
toutes les batailles du présent et du futur.

*

Cherchant des remèdes à nos malaises identitaires et des réponses à nos questions existentielles,
j'ai plongé en nous-mêmes. Explorant notre ADN,
j'ai humé la force originelle des slogans démonétisés
sur la liberté, l'égalité, la fraternité, j'ai redécouvert
à chaque halte (dates, luttes, ou œuvres ayant forgé
notre sentiment national) un trait effacé de notre
personnalité. De ce long voyage à travers les siècles
qui nous ont façonnés, j'ai ramené l'esquisse d'une
France ouverte sur le monde, l'autre, l'avenir. Notre
France.

Notre France

Notre France n'a jamais été ce petit village paisible, idyllique et autarcique qu'on nous présente photoshopé en couverture du *Figaro Magazine* comme une image tirée de notre passé. Elle n'a jamais été cet « avant » fantasmé du « C'était mieux avant » faisant la une de *Valeurs actuelles*. Elle n'a jamais été le pays clos, l'identité univoque, la société monochrome que les réactionnaires prétendent « ressusciter ». Mais, ne nous y trompons pas, elle n'est pas non plus une invention soixante-huitarde, pas même le seul produit de la République et de la Révolution. Elle remonte à beaucoup, beaucoup plus loin que 1789.

Il est temps de redécouvrir la profondeur historique de ces mots et de ces principes – universalisme, droits de l'homme, cosmopolitisme, égalité, solidarité ou république – qui semblent aujourd'hui vides de sens et qui pourtant nous ont faits en tant que Français. Il est temps de revisiter un passé de combats et de progrès qui nous aidera à surmonter notre peur de l'avenir. Il est temps de réciter l'Affiche rouge avec la voix de notre époque, de repenser la nuit du 4 août 1789, de soupirer avec Héloïse et de rire avec Rabelais, de douter avec Descartes et de croire avec de Gaulle. Temps de dépasser l'aphasie posthistorique d'une gauche en apesanteur et les obsessions préhistoriques d'une nouvelle droite de plus en plus pesante, temps de réapprendre à aimer et à dire ce que nous sommes. Temps de retrouver notre France. Et, surtout, temps de la faire vivre à nouveau.

Le trouble français

Un éditorialiste allemand et un psy new-yorkais débarquent à Paris en 2016. Voyant un peuple frappé par des attentats, miné par le chômage de masse et la stagnation économique s'écharper pour savoir s'il descend de Clovis ou de Voltaire, leur diagnostic est sans appel : les Français souffrent d'un sérieux « trouble de la personnalité ».

Chaque campagne électorale confirme cette maladie française. Après trente ans d'échecs sur le front de l'emploi, n'importe quel scrutin se jouerait sur la crédibilité des programmes économiques des uns et des autres si nous étions un pays « normal », mais nous ne le sommes pas. Chez nous, avant de livrer son analyse socio-économique et de présenter ses réformes, chaque candidat à l'Élysée doit d'abord répondre avec emphase à nos angoisses identitaires.

Notre « trouble » est si grand, si prégnant qu'un président eut récemment l'idée de créer une institution tout entière dédiée à sa cure : le ministère de l'Immigration, de l'Intégration et de l'Identité nationale. Nous sommes le 18 mai 2007, Nicolas Sarkozy vient de poser ses valises à l'Élysée lorsqu'il charge une nouvelle bureaucratie de définir ce qu'être français veut dire. Il consacre ce jour-là la revanche des franges les plus réactionnaires de la droite française. À trop croire que des petites mains jaunes et des concerts de hip hop suffisaient à former un récit commun, la gauche a laissé s'inverser les rapports de force culturels.

En coulisses, Patrick Buisson, ancien directeur du journal extrémiste *Minute* désormais en charge de la chaîne *Histoire* (beau symbole !), peut orchestrer la contre-révolution identitaire dont il n'osait rêver vingt ans auparavant. Son programme est ambitieux : terrasser le cosmopolitisme brouilleur de repères, l'européisme violeur de souveraineté, le « droit-de-l'hommisme » briseur d'autorité, faire rendre gorge à ces « bobos » qui préfèrent New York à la Beauce et les migrants africains aux travailleurs blancs, revenir au patriotisme, au patrimoine, aux traditions. En un mot comme en mille : renouer avec la « France éternelle ».

Si le ministère orwellien disparaît sans gloire, les grilles de lecture qui présidèrent à sa création font mieux que lui survivre. Elles progressent tout en se radicalisant, s'imposent en lieux communs sans rien perdre de leur virulence. Nous sommes le 8 juin 2016 et Nicolas Sarkozy, plus emphatique que jamais, fixe l'enjeu des élections présidentielles à venir : « La France restera-t-elle la France ? C'est cela le premier défi. Le plus grand. Le plus fondamental. » Quelle est donc cette France qui menace de disparaître et doit à tout prix « rester elle-même » ? La réponse fuse, « décomplexée » comme il se doit : c'est un « pays chrétien », un « corps », une « âme » que « l'immigration massive », « le communautarisme » et « Mai 68 » – la mère de toutes les catastrophes – ont bouleversés. Une fois le virus identifié, il est temps de nous « guérir ». Le nom du meilleur docteur et le dosage de l'antidote sont à débattre, pas le diagnostic, ni la nature de la cure : en arrière toute !

En arrière, certes, mais vers où ? Vers quoi ? Quel est cet « avant » érigé en horizon indépassable ? Avec quelle « France éternelle » doit-on « renouer » ? Ces questions demeurent le plus souvent sans réponse précise. Elles sont le point de départ de ce livre.

21

La doxa « mécontemporaine » de 2016 répète le syllogisme structurant depuis des siècles les logorrhées réactionnaires :

1/ Nous sommes troublés, nous ne parvenons pas à définir ce que nous sommes (présent constaté).

2/ Or, nous savions le faire *avant*, nous étions en accord avec nous-mêmes *jadis* (passé [re]composé).

3/ Quelque chose/quelqu'un est *donc* venu entre-temps « troubler » notre identité et nous ne retrouverons notre quiétude perdue que lorsque nous aurons identifié puis éliminé le trouble-fête (futur antérieur).

Chaque époque française fut condamnée comme « décadente », « dégénérescente », « traître » à la précédente, avant de devenir à son tour, lissée par le Photoshop identitaire, une raison de juger la suivante. Chaque siècle français est passé du point 1 au point 2 en se noyant dans les brumes du passé et en tombant entre les mains des procureurs du temps présent. Les Lumières furent condamnées au nom du Grand Siècle, le romantisme au nom des Lumières. Et ainsi de suite. Jusqu'à nos jours.

Refusant que notre « trouble » puisse être autre chose que strictement « actuel », le posant toujours comme second et jamais premier, la pensée réactionnaire se met logiquement en quête de boucs émissaires. La sorcière médiévale, le protestant, le juif, la féministe, le libre penseur, le Polack, le syndicaliste, le rital, l'Arabe, le bourgeois, l'Américain, le Rom, le pédé, le « progressiste », le « cosmopolite », le multiculturaliste, Merkel ou un rappeur prennent tour à tour les traits du grand perturbateur sans lequel nous serions en paix et au clair avec nous-mêmes, certains de savoir d'où nous venons et vers où nous allons. Sous différents masques, le coupable est identique quelle que soit l'époque : l'impureté présente.

Comme le « trouble » constaté relève d'une expérience incontestable, la validité du syllogisme décliniste dépend du point 2, de cet « avant » servi comme une évidence, véritable pivot de la « démonstration ». Concéder, par ignorance ou paresse, sans débat ni enquête, son authenticité rend les arguments réactionnaires imparables. Or, c'est précisément ce qu'une gauche devenue inculte ne cesse de faire. D'où l'urgence du recours à l'histoire. Explorons ce passé dont les déclinistes se revendiquent pour condamner notre présent. Osons la question : cet « avant » du haut duquel ils s'autorisent à proclamer notre décadence a-t-il existé ?

Dès que nous faisons l'effort de plonger dans notre histoire, nous voyons à quel point notre « trouble » n'a rien d'exclusivement « actuel ». N'en déplaise aux chroniqueurs de l'apocalypse de 2016, il n'est le produit ni des crapahutages de Cohn-Bendit sur les barricades du Quartier latin en 1968, ni des émeutes de banlieues en 2005. Il précède largement la standardisation bruxelloise des normes de production laitière et l'immigration maghrébine des années 1950, 1960 ou 1970. Il n'est lié consubstantiellement ni à Internet, ni à la globalisation des échanges. Il remonte à loin, très loin…

Notre père à tous

Nous sommes au début du XIIIe siècle. Paysans, artisans, bourgeois se rassemblent sur les places de nos villes et villages pour écouter les « jongleurs » – conteurs itinérants qui forgent l'imaginaire médiéval – narrer les aventures étranges d'un animal sans foi ni loi renversant l'ordre des choses et du monde : le *Roman de Renart* passionne la France et, pour la première fois, lui donne un imaginaire commun, un imaginaire national qui dépasse les frontières régionales et transcende les fractures sociales.

Ce texte foisonnant, divisé en vingt-sept « branches » écrites entre 1174 et 1250 par de multiples auteurs souvent anonymes, raconte les « exploits » d'une bête à poils roux bafouant les rites, profanant les autels, se moquant de tout et de tous, parfois en anglais, parfois en flamand, jouant des mots comme des choses. Épouser devient « boser » dans sa bouche et « votre merci » « foutre merci ». Renart ne respecte rien ni personne. Il a déclaré la guerre à tous les animaux établis. Il « déçoit », « engeigne », « abete » tour à tour son grand rival Ysengrin, loup sûr de son statut qu'il rend cocu, le roi Noble dont il usurpe le trône, les aristocrates Grimbert le blaireau et Brun l'ours, les membres du clergé Tiecelin le corbeau, Bernart l'âne ou Musart le chameau, les paysans Couart le lièvre, Belin le mouton ou Tardif le limaçon… Pas une bête n'échappe à ses ruses qui enthousiasment les Français de tout âge et de toute classe sociale pendant plus de deux cents ans.

Le succès du *Roman* est tel qu'on reproche alors aux moines de le lire davantage que les Livres saints et de remplacer sur les murs de leurs cellules les images pieuses de la Vierge et du Christ par des scènes de la vie de son (anti)héros. Récité en langue vulgaire ou romane (d'où le nom de roman), il rassemble dans une même écoute et des éclats de rire similaires un pays morcelé aux frontières mouvantes. Il s'agit d'une première : la Bible, partagée en latin par toute la chrétienté, et les contes traditionnels, chantés en dialecte et trop ancrés dans le terroir local ne parlaient pas aux Français de la France. Renart, lui, est français. Plus que cela : il rend français. Par-delà les ancrages régionaux et les dépendances féodales, les sujets du royaume se découvrent appartenir à un même univers mental, social, culturel en s'identifiant collectivement à lui. En écoutant ensemble ses aventures, ils se forgent une personnalité commune.

Le Moyen Âge nous lègue donc un voleur de poules comme père fondateur de notre identité. Qui est vraiment Renart ? Difficile de répondre. Et c'est cette difficulté qui est riche d'enseignements sur ce que nous sommes et ce que nous ne pouvons pas être. Échappant à toute tentative de classification, Renart est un animal hybride, entre chien et loup, chez lui nulle part et partout. Il n'appartient ni à la forêt, ni à la ferme, ni à la culture, ni à la nature. Il erre dans un entre-deux génétique et topographique. Bandit de grand chemin, déraciné radical qui assume la complexité de son être et en joue, il ne cesse de « gandiller » lorsque l'on prétend l'assigner à résidence identitaire. Il est tout et rien à la fois, le nom d'un « trouble de la personnalité » originel.

Être sans qualité, il les usurpe toutes en fonction des besoins ou des désirs que le hasard et les circonstances font naître en lui. Ses traits contradictoires, ses attitudes fluctuantes selon les différentes « branches » du *Roman* et à l'intérieur de chacune d'elles, forment un miroir éclaté dans lequel nous

nous découvrons, au XIIIe siècle, dans le même mouvement « troublés » et « français ». Vouloir, au XXIe siècle, nous « guérir » de ce « trouble » semble dès lors un brin complexe... À moins de changer de pays et d'histoire.

Condamné à mort à de multiples reprises par le tribunal des bêtes bien en place, Renart s'en sort à chaque fois par une « eschive » différente. Ainsi en va-t-il de notre identité. Prescrivant tour à tour moins de mélange, plus de religion, moins de sexe, plus de sérieux, plus d'autorité, moins de voyages, les centaines de médecins accourus à notre chevet au cours des siècles n'ont jamais pu nous soustraire à notre impureté originelle. Ils nous ont donc mille fois décrétés à l'agonie. Et ont, mille fois, été démentis. « Renart est mort, Renart est vif... Renart règne » écrit le poète Rutebeuf, l'un des auteurs du *Roman*. Qu'on l'exalte ou qu'on l'exècre, qu'on le considère comme la source de notre vitalité ou la cause de notre mort prochaine, son spectre hante notre Histoire.

La chasse à cour de Tartuffe

Assumer une identité multiple, fluctuante, trouble ne va pas de soi. Ouvrant grand le champ des possibles, elle panique les hommes trop frileux pour en faire usage, trop sinistres pour en jouir. Notre société renardienne leur apparaît comme un bordel à purifier, un chaos à ordonner. Depuis qu'elle existe, ils la disent décadente et organisent d'immenses chasses à cour pour mettre Renart dans les fers. Leur obsession, qu'on soit en 1616, 1816 ou en 2016, est de figer dans le marbre ce que nous sommes, une fois pour toutes.

Nous sommes le 5 février 1669. Malgré les menaces répétées de l'Église et une censure royale de cinq longues années, ou plutôt grâce à elles, tout Paris se presse pour assister à la première de la comédie la plus sulfureuse de Molière : *Tartuffe ou l'Imposteur*. Depuis des années, une immense bataille est livrée en coulisses et en public pour l'interdire. Une ordonnance de l'archevêque Péréfixe interdit ainsi à tout chrétien « de la représenter, lire ou entendre réciter, soit publiquement, soit en particulier, sous quelque nom et quelque prétexte que ce soit, et ce sous peine d'excommunication ». Les imprécations ne firent qu'exciter la curiosité et tous les records de recettes sont battus ce soir-là : 2 860 livres soit beaucoup plus que les autres grands succès de Molière que sont *L'École des femmes* (1 518 livres) et *Dom Juan* (1 830 livres).

La tension est palpable dans la salle du Palais-Royal. Le rideau se lève et la vieille Madame

Pernelle sort de chez sa bru en toute hâte, visible-
ment choquée par ce qu'elle y a vu. S'adressant à
Elmire qui essaie de la retenir, elle s'exclame : « Oui,
je sors de chez vous fort mal édifiée/ Dans toutes
mes leçons, j'y suis contrariée/ On n'y respecte rien ;
chacun y parle haut/ Et c'est, tout justement, la cour
du roi Pétaut. » Ne laissant aucun des autres personnages terminer ses phrases, elle assène son jugement sans appel sur les choses et les gens : « Votre
conduite en tout, est tout à fait mauvaise. » Le
monde est excommunié dès la scène d'exposition.

Que s'est-il donc passé de si grave chez Elmire ?
Des jeunes gens ont ri et plaisanté probablement...
Molière n'en dit rien car il n'y a rien à en dire. Mais
ce « rien » est déjà trop pour la pieuse Madame
Pernelle. Elle récite le catéchisme d'un directeur
de conscience nommé Tartuffe, un homme qui a
le « courage » de « regarder le monde comme du
fumier ». On ne le voit pas encore – il n'arrive physi-
quement qu'à l'acte III – mais son ombre plane et
son esprit règne. Il n'est question que des sentences
terribles qu'il prononce contre ses contemporains,
leur mode de vie dissolu, leurs habitudes déca-
dentes, leurs idées dangereuses, leur manque affligeant de respect pour la foi et les traditions : « S'il
le faut écouter, et croire à ses maximes/ On ne peut
faire rien, qu'on ne fasse des crimes. »

Ce 5 février 1669, les procureurs de tous les temps présents s'incarnent en un seul et unique personnage. Tartuffe est le prince des déclinistes et, comme Renart, son nom bascule immédiatement dans le langage commun. La comédie de Molière est une formidable machine de guerre contre la bigoterie. Mais, au-delà de l'Église et des jésuites, elle vise tous ceux qui condamnent l'impureté de la société et des individus qui la composent au nom d'une idée monolithique de l'identité, tous ceux qui proscrivent le trouble de l'existence du haut de leurs certitudes essentielles.

Il nous faut prendre Tartuffe au sérieux, ne pas le limiter à une mauvaise foi grossière qui n'était pas dans la version originelle de la pièce et que Molière a dû surligner pour passer outre la censure. Tartuffe n'est pas un simple escroc. Il n'est pas non plus un mélancolique incapable de s'adapter à son époque. Il n'est ni Alceste, le misanthrope romantique rêvant d'emporter Célimène dans un désert purificateur, ni un vulgaire marchand de tapis. Il porte une idéologie, développe une vision claire de l'obscurité des choses, propose une explication cohérente des incohérences du monde. Il offre des réponses. Il est efficace. Il nous hante tout autant que Renart. Il est son meilleur ennemi, la part de nous-mêmes qui entre en réaction face au « trouble » dans lequel nous

évoluons, la part réactionnaire – au sens étymolo-
gique du terme – de notre être.

Tartuffe est un inquisiteur en chasse perpé-
tuelle. On le retrouve, comme Renart, à chaque
tournant de notre Histoire. Il met à l'index l'œuvre
de Descartes après sa mort et l'*Encyclopédie* de
Diderot et D'Alembert dès sa parution, vitupère
contre Voltaire avec Fréron, interdit *Le Mariage de
Figaro* avec Louis XVI, abhorre la Révolution avec
de Maistre ou Rivarol, combat la République avec
Maurras et Barrès, insulte Sartre avec Thorez, vomit
l'époque avec la quasi-totalité de la droite française
actuelle... Ses mobiles contre l'esprit du temps ne
changent pas : trouble à l'identité publique, dissolution du lien social, érosion des traditions, corruption
des mœurs, affaiblissement de l'autorité.

Il embrigade dans sa croisade tous ceux qui
n'assument pas notre « trouble de la personnalité »,
les libertés qu'il permet et l'insécurité qu'il génère.
Ses imprécations séduisent ceux qui ne trouvent pas
ou plus leur place dans un monde instable et changeant. Madame Pernelle fuit son propre mal-être
dans l'excommunication de la société tout entière :
« Voyant de ses yeux tous les brillants baisser/ Au
monde, qui la quitte, elle veut renoncer/ Et du voile
pompeux d'une haute sagesse/ De ses attraits usés,
déguiser la faiblesse. » En période de crise aiguë,

lorsque de plus en plus de gens sont déclassés et
déboussolés, Tartuffe esquisse la possibilité d'un
refuge, le mirage d'une terre ferme au milieu d'un
océan démonté. Ecarter ses prêches d'un revers de
la main ou sous-estimer la puissance de sa logique
est le péché d'orgueil traditionnel des progressistes.

Nous sommes le 5 octobre 2014. Daniel Cohn-
Bendit est venu présenter un livre sur le plateau
de Laurent Ruquier. Face à lui, un ancien chroni-
queur de l'émission s'époumonne et le rend responsable de tous les malheurs du monde. Dany sourit,
fuit le combat et l'évacue d'un bon mot. Mais Éric
Zemmour, lui, est là pour se battre. Il continue
de l'attaquer : Mai 68, dit-il en substance, a tout
détruit, tout défait, tout tué. Peu importe qu'il triche
avec les chiffres ou truque ses références historiques,
il triomphe car il est, au fond, seul dans l'arène.
Cohn-Bendit a sans doute raison d'y voir un délire
réactionnaire, mais en refusant de s'abaisser à lui
répliquer sur le fond, il laisse la victoire à son adversaire. Si Tartuffe a tort, encore faut-il le prouver.
Et, pour cela, il faut prendre au sérieux ce qu'il
nous dit.

Espérer qu'il finisse par se lasser est une illusion : Tartuffe est inlassable. Il revient sans cesse
à la charge. Mettre Renart aux fers relève pour

lui d'une mission sacrée. Il est face aux multiples et mouvantes facettes de la personnalité française comme Socrate face aux opinions dans le *Ménon* : craignant qu'elles lui échappent à l'instar des statues de Dédale fuyant la nuit tombée, Socrate se met en quête du « lien », ou *délos*, qui les attachera les unes aux autres et les arrimera toutes à quelque vérité première, ferme, indubitable. Tartuffe reproduit le même geste face à notre identité. Il voue sa vie à définir l'essence française à la manière d'un Socrate définissant l'essence de l'abeille. Pour fixer une fois pour toutes ce qu'être français veut dire, il a recours à tous les « liens » possibles et imaginables : du sang (lien généalogique) à la foi (lien religieux) en passant par la terre (lien géographique). Avec toujours en ligne de mire cet « avant » : « avant » son temps, « avant » lui et « avant » nous, un paradis perdu, une époque bénie où l'ancrage était naturel, évident,…

En 2016, mépriser Tartuffe relève d'une inconscience coupable. Pour chanter notre France, nous devons d'abord nous libérer de celle qu'il est en passe de nous imposer. Nous devons nous défaire de ses grilles de lecture devenues dominantes. En les passant, précisément, au crible de ce patrimoine qu'elles prétendent défendre et réhabiliter. Nous devons lui retourner l'argument de « l'avant » : le soumettre, enfin, à l'examen de l'Histoire.

Le lien du sang

Pour figer notre identité, Tartuffe se tourne spontanément vers le sang. Il raffole des arbres généalogiques, remplace nos pieds par des racines, transforme notre récit national en exploitation forestière. Dis-moi d'où tu viens et je te dirai qui tu es car, en dernière instance, « le sang parle ». Fort bien : que dit-il donc de ce qu'est la France ? Les généalogistes peuvent-ils définir notre identité collective ?

Le syllogisme réactionnaire prend alors sa forme la plus basique :

1/ Aujourd'hui, nous sommes métissés, notre sang mêlé ne nous parle plus qu'une langue cacophonique, désarticulée.

2/ *Avant* les « Français de souche » étaient maîtres chez eux. Nous avions une généalogie claire. Notre sang parlait pour nous, de nous. Il disait qui nous étions.

3/ Il faut donc stigmatiser les « mélangistes », les « remplacistes » ces idéologues traîtres à la France qui, en transformant le métissage en « religion » et l'accueil des étrangers en devoir sacré, ont « déna-

turé » notre peuple. Il faut « revenir au droit du
sang » sous peine de disparaître en tant que Français.

Arrêtons-nous sur le point 2 : de quel « avant »
parlent nos Tartuffes épris de généalogie ? Avant
le « culte du vivre ensemble » ? Avant le regrou-
pement familial et la carte de séjour de dix ans ?
Avant le « nous sommes tous des juifs allemands »
de 1968 ? Avant les immigrés maghrébins des
années 1950-1960 ? Avant les Espagnols de 1938
et 1939 ? Avant les ritals et les Polacks du début du
XXᵉ siècle ? Avant l'émancipation des juifs alsaciens
en 1791 ? Avant l'abstraction universaliste de 1789 ?
Avant qui, avant quoi, avant quand ?

Nous sommes le 3 juillet 1315. Louis X proclame
dans un édit royal que « le sol de France affranchit
celui qui le touche ». « Notre royaume est dit et
nommé royaume des Francs, et voulant que la chose
soit accordant au nom et la condition des gens... » :
donnant au nom de « Franc » un sens tout autre
qu'une origine ethnique, le roi instaure ce jour-là
le primat de l'étendue politique sur la profondeur
généalogique, la prééminence du sol sur le sang.
Peu importe d'où il vient, peu nous chaut si dans
son pays de provenance la servitude fait loi ou non,
sans égard ni regard pour son génome, l'étranger,
en « touchant » notre terre, est automatiquement

« affranchi ». Il devient « franc », nom qui désigne à la fois un peuple et une « condition » juridico-politique (la « condition » d'être libre), pas un lignage ou un groupe sanguin. La grande aventure française du droit du sol vient d'être lancée.

Louis X n'est pas un « bobo-droit-de-l'hommiste » avant l'heure. Il n'agit pas par idéalisme cosmopolite. Il a besoin de sujets, de troupes et d'argent : rendre « franc » le premier venu n'est évidemment pas dénué d'arrière-pensées pragmatiques. Fort bien. Mais ce qui importe dans son geste n'est pas la sainteté ou non des intentions, c'est le fait qu'aucun attachement idéologique à la pureté du sang ne s'oppose à la satisfaction des intérêts bien compris de l'État. L'édit de 1315 n'est pas non plus – ce serait anachronique de le prétendre – un code de la nationalité en bonne et due forme, mais il forge un rapport juridico-politique et non généalogique à la nation. Et c'est ce rapport qui pousse logiquement notre monarchie, lorsque le concept de nationalité émerge, à opter pour le droit du sol.

Nous sommes désormais le 23 février 1515. Alors que François Ier construit notre État moderne, le parlement de Paris établit que tout individu né en France est français : le *jus soli* voit le jour. L'« avant » des contempteurs du droit du sol en 2016, c'est donc avant 1315 ou avant 1515 ? Depuis ces dates, notre sang, nourri des vagues successives d'« affranchis » arrivés sur notre terre, vivifié par son impureté même, « parle » une langue aussi équivoque que l'ADN de Renart.

Pareille indéfinition généalogique de l'identité d'un peuple n'a rien de naturel et suppose ce choix fondateur vieux de sept cents ou cinq cents ans selon les interprétations. La nation allemande, au contraire, fut conçue comme un lignage, une continuité fondée sur la transmission par le sang. Elle se peignit en communauté organique (*Gemeinschaft*) quand la France se vit en société civile (*Gesellschaft*), deux approches antithétiques – l'enracinement allemand et le constructivisme français – qui ont structuré notre rivalité philosophique et politique. On stigmatisait la « superficialité » de la civilisation française dans les universités berlinoises et les « profondeurs barbares » de la nation allemande sur les bancs de Sciences-Po.

Ces deux rapports au monde et à la nation continuent à s'opposer, mais leur ancrage géographique change. Au moment précis où Berlin envisage de se « renardiser » en adoptant le droit du sol, nous le remettons en cause dans les médias et les travées de l'Assemblée nationale. Sans doute est-il temps de rappeler aux hérauts de « traditions » somme toute fort peu françaises qu'ils ne s'attaquent pas là simplement à un « principe républicain » comme nos réflexes pavloviens nous le font ânonner, mais à un élément constitutif de notre identité bien plus ancien que la République... Rayer des siècles d'histoire française semble un programme un brin paradoxal pour une droite auto-proclamée « nationale ».

Le lien de la terre

Ne pouvant figer l'être français dans un sang trop impur pour parler clairement, Tartuffe se tourne vers « la terre-qui-elle-ne-ment-pas ». Le *jus soli* lui-même n'implique-t-il pas une identification à ce « sol » qui affranchit celui qui le « touche » ? Les géographes peuvent-ils mieux définir ce que nous sommes que les obsédés du génome ? La terre est-elle le *délos* identitaire tant recherché par les chasseurs de Renart ?

Le syllogisme décliniste prend alors la forme suivante :

1/ Aujourd'hui notre terre ne nous parle plus, nous vivons en nomades, notre économie comme notre conscience sont déterritorialisées.

2/ Or, *avant,* la terre nous ancrait, nous rattachait à un être concret, elle était notre consistance et notre constance, la garantie d'une continuité française à travers les âges.

3/ Quelque chose/quelqu'un nous a coupés de notre terre et nous ne serons en paix et en accord avec nous-mêmes qu'après avoir éliminé les facteurs/acteurs déracinants qui nous privent de substance et de stabilité. Les coupables sont faciles à désigner : la globalisation, l'Europe, Internet, tout ce qui efface les frontières et impose le nomadisme.

L'« avant » du point 2 est à nouveau la clé de voûte de l'édifice : avant, c'est quand exactement ? Avant le web ? Avant Schengen ? Avant Maastricht ? Avant la Communauté européenne du charbon et de l'acier lancée par Schuman et Monnet au sortir de la Seconde Guerre mondiale ? Avant Médecins sans frontières et Médecins du monde ? Avant l'idéologie sans-frontiériste des soixante-huitards ? Avant le TGV qui « transforme nos terroirs en paysages » selon Alain Finkielkraut (conférence à la Cité universitaire en 2005) ? Avant l'exode rural ? Avant la révolution industrielle ? Avant l'universalisme « abstrait » de 1789 ? Avant qui, avant quoi, avant quand ?

Si par « terre », nous entendons le « terroir » ou le quartier, l'environnement immédiat de chacun, comment nier qu'elle influence les individus qui y voient le jour et y font (ou non) leur vie ? L'attachement de Pierre et Jeanine à leur région, leur rue, leur champ est évident. Ils sont « liés » à un lieu. Mais cet attachement n'est nullement exclusif et ne dit pas grand-chose de ce que nous avons en commun en tant que Français, de la Bretagne à l'Alsace, de Lille à Marseille. Il ne nous parle pas de notre identité nationale. Une patrie est plus que cette mosaïque d'écosystèmes divers et la « terre française » est déjà une abstraction par rapport au « terroir » bourguignon ou provençal. En invoquant la « terre française » pour définir ce que nous sommes, nos Tartuffes apprentis géographes ne pensent donc pas uniquement au bocage vendéen ou au bitume du 93, ils visent quelque chose de plus, un supplément d'âme « lié » au territoire national. En quoi celui-ci esquisse-t-il une personnalité française ?

Nous sommes le 30 août 1483. Louis XI, roi à la légende sombre et au rôle prépondérant dans notre histoire, se meurt. Il n'a eu, sa vie durant, qu'une seule obsession : unifier un territoire français qu'il a parcouru du nord au sud et d'est en ouest. À coups de répression, d'assassinats, de corruption, de guerres, de contrats, de ruses, de mariages et de voyages, il a construit un espace national relative-ment centralisé et cohérent, doté de frontières plus ou moins durables. Il y aura bien quelques modifications d'importance au cours des siècles suivant, une extension vers l'Est, une poussée vers le Sud, mais notre géographie ne sera plus fondamentalement bouleversée. Tartuffe peut se réjouir : à défaut d'un arbre généalogique, il peut désormais tendre à Renart une carte de l'Hexagone comme miroir identitaire. Observons-la. Que nous dit-elle ?

Une fois encore, l'impression de « trouble » prédomine en la contemplant. Ni totalement méditerranéenne, ni entièrement atlantique, ni indubitablement continentale, la France, en tant qu'espace, échappe aux catégories habituelles des esprits douaniers. Sa géographie nous laisse, fondamentalement, libres. Comment définir son territoire de manière univoque ? Où la placer par exemple dans la dichotomie remise à l'ordre du jour à chaque sommet bruxellois entre Europe du Sud et Europe du Nord ? Entre les deux.

Mieux inspiré que lorsqu'il créa son éphémère ministère de la novlangue identitaire, Nicolas Sarkozy joua de cette ambivalence en lançant l'Union pour la Méditerranée. Si l'initiative ne fut pas plus durable que le magistère de Brice Hortefeux sur la définition de l'être français, elle correspondait mieux à notre ADN. Quand elle a un problème avec ses voisins continentaux ou nordiques, l'Allemagne en particulier, la France se redécouvre méditerranéenne. Et *vice versa*, dans un mouvement de balancier permanent. Sa géographie ambiguë nous permet de nous définir et nous redéfinir sans cesse, au gré des évolutions historiques et des besoins politiques.

Mais nos contrôleurs d'identité n'en démordent pas : ils veulent faire parler à notre territoire leur langue univoque et ils ont lu quelque part que Carl Schmitt – éminent théoricien du IIIe Reich devenu la référence ultime des courants antimondialistes allant des nationalistes russes jusqu'aux « *truthers* » du Wisconsin – opposait les civilisations telluriques de l'Europe continentale, la Russie et l'Allemagne en tête, et les sociétés maritimes ou atlantiques anglo-américaines. Les premières sont ancrées dans la terre et collectivistes quand les secondes sont tournées vers le large, fluides, individualistes, universalistes. L'identité claire des unes se confronte à la personnalité trouble des autres.

Ravis de découvrir un système de classification des peuples si définitif, nos Tartuffes classent donc la France : dans *Le Suicide français*, Éric Zemmour la décrit sans sourciller comme une « civilisation » exclusivement « terrienne », engagée dans une lutte sans merci contre les sociétés maritimes et leurs influences déracinantes. A-t-il jamais regardé cette carte du XVe siècle qu'on nous tend comme le miroir de notre être ? *Quid* de notre façade atlantique ? Que faire de la part girondine de notre histoire ou des pêcheurs de l'Île de Sein qui représentaient la moitié de la France libre en juin 1940 selon de Gaulle ?

S'il est stupide de nier la dimension terrienne, paysanne, continentale de la France, il est tout aussi aberrant d'oblitérer sa dimension maritime, son goût pour le commerce, son attirance pour le large, son culte des navigateurs et des explorateurs, depuis Bougainville jusqu'à Tabarly. Nous avons besoin d'un État fort à l'instar des puissances telluriques de Schmitt. Mais nous avons tout autant besoin de lui échapper comme les marchands anglais ou les descendants du *Mayflower*. Pour faire rentrer la France dans leurs catégories découpées à la hache, les Tartuffes d'hier et d'aujourd'hui sont contraints de l'amputer d'une partie de son être. Plus encore que tel ou tel aspect particulier de notre personnalité, c'est le fait que notre personnalité en compte plusieurs, et des contradictoires, qui les choque.

Fille de Rome et de Clovis, de Charlemagne et de Napoléon, océanique et continentale, notre nation n'est pas plus assignable à résidence identitaire par la géographie que par la généalogie. Si notre terre ne ment pas, elle ne dit rien de très clair non plus. L'espace façonne sans doute un destin mais, dans ce cas, notre entre-deux territorial nous prédestine incontestablement à l'identité renardienne. La France est un « tiers-lieu » au sens où l'entend Édouard Glissant, un espace qui n'est ni l'un, ni l'autre, qui mêle l'un dans l'autre, un lieu hybride : la terre de Renart.

Le lien religieux

Ne pouvant nous ancrer dans aucune terre ferme, Tartuffe essaie le ciel. En 2016, les « racines chrétiennes » de la France reviennent en force dans le discours public. Notre nation n'est-elle pas la « fille aînée de l'Église » et ne se drape-t-elle pas chaque matin dans un « long manteau de cathédrales » ? Sans nier notre héritage catholique, notons juste que l'Italie et l'Allemagne sont elles aussi couvertes d'églises et de monastères : qu'y a-t-il donc de spécifiquement français dans notre rapport à la religion ?

Le fameux syllogisme se décline désormais ainsi :

1/ Nous ne savons plus à quels saints nous vouer, nous vivons « comme si Dieu n'existait pas » (Jean-Paul II). Nous n'avons plus de lien spirituel. Ni entre nous, ni avec notre pays et notre passé. Nous avons aboli toute forme de transcendance.

2/ Or, *avant*, nous étions une nation chrétienne (on dit « judéo-chrétienne » aujourd'hui pour faire bonne figure), « unie autour des rois et de l'Église »

(Nicolas Sarkozy, encore lui). Notre identité spirituelle était évidente. Elle nous définissait en tant que Français.

3/ Le multiculturalisme, le consumérisme, l'anticléricalisme, le culte de la différence, en nous coupant de nos racines chrétiennes, ont vidé notre identité de toute substance spirituelle et généré notre « trouble ». Retrouver ces racines redonnera au fait d'être français son sens profond et son évidence naturelle.

L'« avant » du point 2 appelle une fois encore notre attention : *avant*, c'était quand exactement ? Avant la construction de mosquées ? Avant l'individualisme triomphant des années 1980 ? Avant *Charlie Hebdo* et les « bouffeurs de curés » ? Avant l'anticléricalisme du petit père Combes cherchant à déchristianiser la République et son armée ? Avant la loi de séparation de l'Église et de l'État en 1905 ? Avant le rejet par l'Assemblée de 1790 de toute notion de « religion d'État » ? Avant Voltaire appelant à « écraser l'infâme » ? Avant *L'Encyclopédie* érigeant la raison humaine en seul juge des savoirs et des pouvoirs ? Avant qui, avant quoi, avant quand ?

Nous sommes en 1560. Dans nos régions, nos villes et nos villages, papistes et huguenots fourbissent leurs armes. Partout les classes sociales, les cercles d'amis, les familles se divisent. Partout, des appels à la haine se font entendre. Partout, enfin, les puissances étrangères – l'Espagne en tête – alimentent le chaos. La France est au bord du gouffre. Les différents noms de Dieu rendent inaudible celui du pays dans lequel ils s'affrontent.

Nous sommes plus précisément le 13 décembre 1560, le jour de l'ouverture des états généraux à Orléans. Les représentants des trois ordres du royaume – noblesse, clergé, tiers état – sont rassemblés dans une grande salle construite spécialement pour l'occasion sur la place de l'Étape. Ils ne parlent que des querelles dogmatiques en cours, se menacent et se disputent sans cesse. Un homme s'avance alors face à eux, un magistrat qui a voué sa vie au droit et à l'État : le chancelier Michel de l'Hospital. Toisant les députés, il déclare : « Tu dis que ta religion est meilleure. Je défends la mienne. Lequel est le plus raisonnable, que je suive ton opinion ou toi la mienne ? Ou qui en jugera si ce n'est un saint concile ? Effaçons ces mots diaboliques, noms de partis, de factions et de séditions, luthériens, huguenots, papistes... »

Michel de l'Hospital, « le plus grand homme de France » selon Voltaire, appelle, pour éviter le pire, à remplacer la politique des religions, qui mène à la guerre civile, par la religion du politique, condition de la paix sociale. Son plaidoyer va bien au-delà d'une simple exhortation à la tolérance et à la coexistence religieuse, il appelle à libérer la politique de ses chaînes théologiques, à soumettre les dogmes religieux aux lois civiles et à la raison d'État. Peu de gens l'écoutent et les fanatiques se déchaînent contre lui. Mais il continue, inlassablement, soutenu par la puissante reine mère Catherine de Médicis et le tout jeune roi Charles IX, à peine dix ans à cet instant. La survie de la nation française passe par la mise au pas des bigots : Michel de l'Hospital y consacrera son existence.

Nous sommes désormais le 17 janvier 1562, le chancelier humaniste fait part à l'assemblée des notables du royaume réunie à Saint-Germain-en-Laye de l'édit royal qu'il a rédigé et qui – c'est une grande première dans un pays chrétien – légalise la coexistence de différentes religions sur notre sol en même temps qu'il les soumet toutes à la puissance publique. Le texte de loi exige de « sévèrement punir tous les séditieux, de quelque religion qu'ils soient », plaçant Catholicisme et Réforme au même niveau, c'est-à-dire bien en deçà de la souveraineté politique.

Les « séditieux » ne sont pas les adeptes de la « religion nouvelle », ce sont tous les fidèles qui placent les commandements de leur Église au-dessus des lois positives, qui préfèrent le lien religieux au lien civique. La foi est ramenée au statut de composante – et non plus de fondement – du corps social. « Enjoignons de nouveau à tous nos sujets, de quelque religion, état, qualité et condition qu'ils soient, qu'ils ne participent à aucune rencontre armée, ne s'entre-injurient point, ne s'insultent ni ne se provoquent pour des questions religieuses » : la « religion » n'a aux yeux de l'État (politique) rien de plus que l'« état » (social), la « qualité » ou la « condition ». C'est un phénomène de société parmi d'autres.

Michel de l'Hospital lance entre 1560 et 1562 la grande aventure laïque française. Comprend-on l'audace de son geste à cette période de l'histoire européenne ? Son rejet de toute définition religieuse de l'identité nationale, inédit sur le continent, nous caractérise mieux en tant que Français que la construction de cathédrales ou la célébration des saints. Nous avons ces constructions et ces célébrations en partage avec tous nos voisins, alors que nous fûmes les premiers à penser l'État moderne comme l'au-delà de tous les au-delà, à concevoir la politique comme l'ailleurs qui subsume et soumet tous les autres lieux. À être, en un mot, laïques.

En rompant le lien identitaire unissant la France à son Église, Michel de l'Hospital inspire le parti dit des « Politiques » qui mettra fin aux guerres de Religion, sauvera la France en tant que nation et la vouera au culte de la politique, foi de substitution d'une patrie qui faillit périr d'une overdose de divin. Bodin, théoricien de la souveraineté étatique moderne, revendique son influence lorsqu'il fait de la neutralité religieuse de la puissance publique la condition *sine qua non* de son caractère « public » : « S'il advient au prince de se faire partie, il ne sera rien de plus que chef de parti » (*Les Six Livres de la République*).

Montaigne érige Michel de l'Hospital en figure tutélaire d'un espace philosophique libéré des dogmatismes, lieu de pensée et de vie obéissant à une maxime simple : « Après tout, c'est mettre ses conjonctures à bien haut prix que d'en faire cuire un homme tout vif ». Henri IV s'en inspire lorsqu'il multiplie les conversions religieuses en fonction des intérêts de l'État, réalisant finalement avec l'édit de Nantes – qui organise en 1598 la coexistence pacifique des catholiques et des protestants dans le respect des lois – ce que son glorieux mentor n'avait pu mener à bien à Saint-Germain et Orléans.

Le geste de rupture opéré par Michel de l'Hospital se répercute dans la philosophie cartésienne et triomphe avec les Lumières. Il se parachève dans la promulgation de la laïcité.

Nous sommes le 3 juillet 1905, l'Assemblée nationale discute de la loi de séparation de l'Église et de l'État. Les débats sont houleux. Le rapporteur, Aristide Briand, pourtant partisan d'une ligne modérée vis-à-vis de l'opinion catholique, s'énerve contre les députés qui dénoncent une trahison de nos traditions et de notre héritage : « La vérité, c'est que dans ce pays, dans toutes les circonstances graves, difficiles, aux heures critiques où son existence a été menacée, la République a vu le clergé se dresser contre elle en ennemi. (…) Vous avez parlé de liberté : mais il n'est pas une liberté dont jouisse ce pays qui n'ait dû être conquise sur les résistances acharnées de l'Église. La voilà, la vérité ! Toutes les conquêtes laïques ont été faites contre elle… » La « conquête » – le terme, à dessein militaire, est répété de nombreuses fois – d'un espace public émancipé de toutes les Églises structure notre histoire et notre identité. Jusqu'à nos jours.

Une nation est une mémoire longue. Son passé, même lointain, infuse son présent, conditionne ses réflexes. Le souvenir, conscient ou non, des guerres de Religion explique notre méfiance radicale – il s'agit là d'une singularité française – vis-à-vis de tout empiètement religieux ou communautaire sur la « chose commune » ou *res publica*. La France a frôlé la dissolution dans la guerre civile du XVIᵉ siècle et cela l'a rendue consubstantiellement, « identitairement » laïque. Elle ne sera jamais les États-Unis. « *One nation under God* » (« une nation sous Dieu »), la devise américaine, est dans notre langue un énoncé contradictoire car la soumission des dieux fut la condition de notre survie.

Transposés chez nous, s'ajustant à notre histoire, les termes s'inverseraient : « Une nation au-dessus des dieux » convient mieux à la France. Notre société est riche de la pluralité des fois qui coexistent en elle, mais notre nation se définit d'abord et avant tout par leur conjointe mise à distance, par l'élévation de la « chose commune », la république au sens originel du terme, au-dessus d'elles. L'Église catholique a fini par l'admettre après des siècles de résistance. Les religions minoritaires doivent le faire aussi.

Nous sommes le 23 décembre 1790, l'Assemblée nationale s'écharpe depuis trois jours sur l'accès des Juifs à la citoyenneté. La majorité des députés du clergé y est hostile, ainsi que les représentants d'Alsace. Clermont-Tonnerre, le plus fervent partisan de leur assimilation – on dit alors « émancipation » –

51

avec Robespierre et l'abbé Barnave, prononce ces mots devenus célèbres : « Il faut tout refuser aux Juifs comme nation et tout accorder aux Juifs comme individus. Il faut qu'ils ne fassent dans l'État ni un corps politique ni un ordre. Il faut qu'ils soient individuellement citoyens. » Certains, en 2016, cédant à une relecture communautariste, y voient le refus des révolutionnaires français de reconnaître la « part juive » de notre patrimoine, la « preuve » de l'existence d'un « problème juif » dans la conscience nationale française. Au contraire, ces propos sont l'expression d'une identité nationale forgée dans le sang et la mémoire des guerres de Religion, fondée sur le refus de « nations » au sein de la « Nation » : Clermont-Tonnerre pense plus aux catholiques et aux protestants du XVIe siècle qu'aux juifs lorsqu'il prononce ces mots.

Pareil refus viscéral, épidermique, d'une communautarisation de l'espace public est constitutif de la tradition assimilationniste française. L'islam fait aujourd'hui face au même défi, et à une même méfiance. Plus qu'un racisme atavique, les frictions actuelles sur la place de la religion musulmane en France sont le produit de siècles d'anticommunautarisme. Toute revendication d'appartenance à un groupe est assimilée à un potentiel trouble à l'ordre public et les preuves d'allégeance à la

« chose commune » sont constamment demandées. Le XVIe siècle, véritable berceau de notre identité moderne, hante notre présent.

Par-delà les tentations identitaires ou communautaires, l'identité politique française exige de constamment renouveler le geste de rupture de Michel de l'Hospital, une définition postreligieuse, postcommunautaire de la « chose commune », un espace autre dans lequel les citoyens sont définis – en premier lieu – par leur appartenance à la nation. Ni inscription des racines chrétiennes dans le marbre de la Constitution, ni communautarisme anglo-saxon : la France a un modèle propre, fondé sur l'assimilationnisme laïque. Aux religions de s'adapter à lui et non l'inverse.

Le lien de la langue

Si nous prions différents dieux et habitons des « terroirs » divers, au moins parlons-nous tous français. Notre langue, véhicule et moteur de notre culture, est-elle ce lien identitaire tant recherché ?

Nous sommes le 15 août 1539. Dans son château de Villers-Cotterêts, le roi François Ier signe une ordonnance qui fait du français la seule langue officielle du royaume : « Nous voulons que dorénavant tous les arrêts ainsi que toutes autres procédures, que ce soit de nos cours souveraines ou autres subalternes et inférieures, ou que ce soit sur les registres, enquêtes, contrats, commissions, sentences, testaments et tous les autres actes et exploits de justice qui en dépendent, soient prononcés, publiés et notifiés aux parties en langue maternelle française, et pas autrement. »

Le français supplante définitivement ce jour-là le latin (langue supranationale) et les dialectes (langues infranationales). Il s'agit d'une décision politique visant à émanciper le royaume de l'influence de Rome (singularisation) et à dépasser son morcellement régional (unification), deux mouvements nécessaires à la formation d'une identité nationale. Utiliser l'expression « langue maternelle » dans l'ordonnance de 1539 relève de l'extrapolation ou du projet. La plupart des familles françaises parlent alors en dialecte et le texte de François Ier est à lire comme une injonction, l'exemple parfait du langage performatif de l'État : « Je » (le roi) proclame que la langue de l'État et la « langue maternelle » des sujets sont le français, et elles le deviennent. L'ordonnance de Villers-Cotterêts est le paroxysme du volontarisme politique français.

À la différence de la plupart de nos voisins, notre unité linguistique ne précède pas notre unité étatique. Les Allemands avaient l'allemand en partage avant d'avoir un État commun. Nous avons bâti un État sans parler encore la même langue. Et c'est cet État qui a ensuite imposé le français de manière universelle sur le territoire qu'il régit : chacune des avancées de la langue française fut célébrée comme un progrès de l'identité nationale. Et chacun de ses reculs se lit aujourd'hui comme une inversion du lent processus d'intégration qui nous a façonnés en tant que peuple : une défaite identitaire. Lorsque nous parlons de « territoires perdus de la République », nous visons d'abord une débâcle de l'école, l'impuissance des « hussards noirs de la République » à préserver l'homogénéité du pays par la propagation de sa langue et de sa culture.

Le syllogisme réactionnaire, en touchant à la langue, se décline ainsi :

1/ Le français parlé en 2016 est pollué par le franglais, l'écriture SMS, le verlan, les fautes d'orthographe, les erreurs de conjugaison et des quartiers entiers, privés d'accès au socle culturel et linguistique commun, s'expriment dans un sabir qui tient lieu de nouveau patois.

2/ Or, *avant*, nous sacralisions notre langue, nous la protégions des influences étrangères et l'érigions en barrière contre toute tentation centrifuge. Notre langue était le véhicule, le garant, le miroir de notre identité.

3/ L'école post-soixante-huitarde, les médias post-ORTF, le nivellement de la parole publique, l'immigration massive sont coupables de notre délitement linguistique (donc identitaire) et il nous faut d'urgence « revenir » aux dictées, aux coups de règles, remplacer « *corner* » par « coup de pied de coin », « *mail* » par « mel » ou « courriel », ne plus tolérer les abréviations, ferrailler contre les « *smileys* » : nous ne serons en accord avec nous-mêmes qu'en retrouvant une langue et une culture pures.

À nouveau le point 2 attire notre attention : *avant* notre langue était « pure ». Avant ? Avant le scandale planétaire de la suppression de l'accent circonflexe ? Avant les rappeurs du 93 ? Avant les 140 signes de Twitter ? Avant Nabila et Hanouna ? Avant la télévision ? Avant la radio ? Avant le nouveau roman et la déstructuration de la phrase classique ? Avant le « spleen » baudelairien ? Avant qui, avant quoi, avant quand ?

Revenons aux temps bénis de Villers-Cottêrets, lorsque la langue française s'impose comme le symbole et le moteur de notre unité. Nous sommes en 1532, quelques années avant l'ordonnance de François Ier. Rabelais – le Christophe Colomb de la langue et de l'esprit français selon Michelet – publie

Pantagruel. Sa plume mêle tous les parlers, des plus doctes aux plus populaires, mélange les langues régionales et étrangères, les mortes et les vivantes. L'anglais n'est alors pas grand-chose et c'est l'italien qui angoisse les défenseurs de la pureté linguistique française. Rabelais s'en moque et utilise plus de quatre-vingts mots transalpins qu'il impose dans notre vocabulaire courant, de « boussole » à « spadassin ». Il s'amuse à voler pour la première fois au grec ancien les « automates » et les « athlètes » que nous utilisons quotidiennement. Il kidnappe des dizaines de vocables et d'expressions aux terroirs angevin, poitevin, berrichon, limousin, dauphinois, provençal ou gascon. Il invente des mots promis à un grand avenir (excréments, pissotières ou chienlit par exemple) ou mort-nés (le génial « torcheculatif » pour n'en citer qu'un). Gageons qu'il sourirait en nous voyant promouvoir « coup de pied de coin » et « courriel » comme des étendards identitaires. Au moment même où François Ier transforme le français en lien national, son plus grand écrivain le rend élastique.

« Mais enfin – nous diront ceux pour qui l'Académie est le temple de notre identité culturelle et la langue une momie – Rabelais est un génie et, pour le commun des mortels, nous avons des règles, nous avons des dictionnaires. » Certes. Mais qu'entend-on par règles ? Et qu'est-ce qu'un dictionnaire ?

Nous sommes le 29 mars 1856, Pierre Larousse, ancien instituteur républicain désirant transmettre à chacun le vocabulaire nécessaire à son accession à une citoyenneté libre et consciente d'elle-même, publie 623 pages de définitions, soit 20 000 mots expliqués, mis en contexte et en mouvement : le *Nouveau Dictionnaire de la langue française* s'écoule dans l'instant par dizaines de milliers, puis par millions en moins de trente ans. C'est le best-seller (*mea culpa* !) du XIXᵉ siècle. Une manière, enfin, de figer dans le marbre ce que nous sommes en fixant une fois pour toutes la manière dont nous parlons ? Tartuffe épouse la « lexicographie » avec autant d'enthousiasme que la religion, la généalogie ou la géographie. Il a, une nouvelle fois, tort.

Relisons la longue préface du *Dictionnaire* de 1856 : selon Pierre Larousse, le « lexicographe » doit « observer », « suivre » les « transformations » de la langue et « daguerréotyper, pour ainsi parler, sa physionomie au moment même où il écrit, ainsi qu'utiliser les richesses que les langues vivantes acquièrent avec le temps ». Rien de figé là-dedans : le « lexicographe » n'est pas un conservateur de musée ou un embaumeur égyptien, il prend en photo la langue à un instant T, puis note, relève, accompagne ses évolutions au cours du temps. Car, comme tout organisme vivant, la langue meurt si elle reste immobile.

L'auteur d'un dictionnaire « ne doit ni suivre de trop loin, ni ouvrir la marche : c'est un laquais qui porte les bagages de son maître, en le suivant par derrière ». Le « maître » – la langue – n'étant jamais identique à lui-même, il convient de réactualiser en permanence les dictionnaires. Nulle trahison d'une supposée pureté originelle par conséquent lorsque « selfie », « bolos », « zadiste », « lose » ou « covoiturer » entrent dans le Larousse en 2015. Nulle concession dénaturée à l'époque en 2012, lors de la dernière révision globale, quand 1 882 entrées sont ajoutées et 447 supprimées. Ou plutôt si : une concession à « l'air du temps » qui est le principe même du dictionnaire. Et du langage.

La langue nous définit de manière plastique. Si elle ne nous quitte jamais, elle nous accompagne dans toutes nos errances. Elle est bien un lien, mais un lien élastique. Jamais elle n'empêchera les statues de Dédale de fuir la nuit, ni n'assignera Renart à résidence identitaire fixe.

Le lien politique

Quelle est la « caractéristique commune » de nos rapports aux gènes, à la terre, à la religion et à la langue ? Ils trouvent leurs origines dans le politique. C'est l'État qui privilégie le sol au sang, organise l'espace, soumet les dieux, impose la langue. En France, la puissance publique ne découle pas de l'identité nationale, elle la façonne et la produit. Nous sommes, en tant que Français, une construction politique. Ne faut-il pas dès lors chercher notre *délos* identitaire dans l'État lui-même ? N'est-il pas, à travers les âges, le miroir dans lequel nous saisissons notre unité et notre identité ?

Lorsque Louis X définit « franc » comme une condition juridico-politique plus qu'une généalogie, lorsque Louis XI dessine la carte de France, lorsque François Iᵉʳ fait du français notre langue officielle, lorsque Michel de l'Hospital soumet les religions aux lois civiles, tous effectuent en définitive le même geste : ils affirment la primauté en droit et en fait de la puissance publique.

Nous sommes le 2 décembre 1804. Dans la cathédrale Notre-Dame de Paris, Napoléon prend sa couronne des mains du pape pour la poser lui-même sur sa tête. Immortalisée par David, l'auto-consécration de l'empereur passe pour être le geste français par excellence : l'État s'émancipe là de toute source de légitimité exogène et se repré-sente en soleil platonicien, astre originel et ultime qui génère l'être et le donne à voir dans le même mouvement.

Le syllogisme réactionnaire gagne en justesse en prenant un angle purement politique :

1/ Nous vivons aujourd'hui une crise identitaire qui est d'abord une crise politique, une crise du politique. L'autorité de l'État est bafouée. La sphère publique est désacralisée.

2/ Or, *avant*, lorsqu'il était fort et respecté, l'État nous définissait en tant que Français : nous étions face à lui comme face à nous-mêmes.

3/ Nous devons donc éliminer l'élément pertur-bateur qui, rendant l'État impuissant ou inaudible, nous a coupés de lui et, ce-faisant, de nous-mêmes.

Nous approchons là d'une vérité française que les logorrhées sur le sang, la terre ou la religion ignorent complètement. Notre trouble identitaire est bel et bien un trouble politique. Et la restaura-tion de l'autorité de l'État semble à première vue le seul antidote au virus du délitement. Intéressons-nous tout de même au point 2 : *avant*, notre identité se mirait et se générait dans l'unicité du souverain politique. *Avant* ? Avant la captation de souveraineté opérée par Bruxelles ? Avant la globalisation et les multinationales ? Avant la « présidence normale » de Hollande ou la désacralisation sarkozyste ? Avant le triomphe de l'idéologie libérale-libertaire ? Avant les grandes grèves du début du siècle ? Avant l'affaire Dreyfus qui ébranla l'État pour sauver un individu ? Avant la Commune qui fut à deux doigts de l'abolir ? Avant la décapitation de Louis XVI ? Avant Voltaire et ses « affaires » opposant les droits des hommes aux logiques étatiques ? Avant qui, avant quoi, avant quand ?

Nous sommes le 14 février 1707, à Versailles, au cœur du palais symbolisant la toute-puissance de l'État et sa domination sans partage sur le corps social. Le Conseil privé du roi est plongé dans un abîme de perplexité. Un manuscrit anonyme *La Dîme Royale* passe de main en main. Dénonçant minutieusement et violemment la misère des sujets, il doit être interdit, saisi, détruit. Son auteur doit payer le prix de son impertinence. Logique. Il y a juste un hic : l'auteur a été identifié et il s'agit de Sébastien Le Prestre de Vauban, le plus grand homme d'État d'un Grand Siècle qui fit de l'État l'absolu par excellence.

Le nom de Vauban, rationalisateur en chef du royaume, architecte de ses places fortes (110 fortifications à son actif) et orchestrateur de ses conquêtes militaires (49 villes conquises sous sa houlette), impressionne les conseillers. L'arrêter est impensable et pourtant son texte frise le crime de lèse-majesté. Ils lisent et relisent, effarés par tant d'audace : « Le menu peuple tombe dans une extrêmité dont il ne se relevera jamais ; les grands chemins de la campagne, et les ruës des villes et des bourgs sont pleins de mandians que la faim et la nudité chassent de chez eux… »

Pendant que le roi travaille à sa propre gloire et à celle de son État, les deux étant alors indissociables, le peuple s'enfonce dans une misère crasse. Vauban a pendant des décennies parcouru la France de long en large pour ériger ses défenses, organiser son espace, rationaliser sa bureaucratie, faisant jusqu'à huit mille kilomètres par an en chaise de poste. Il a consigné toutes ses observations dans ses carnets. Témoin direct de la disette de 1692-1693, il a constaté avec amertume que près de trois millions de Français emportés par la faim préoccupent moins Versailles que la couleur des selles du Roi-Soleil et l'ordre de préséance lors de ses fêtes.

Vauban dénonce l'aveuglement d'un État qu'il a contribué plus qu'aucun autre à édifier, un masto-

donte tellement obsédé par sa propre gloire qu'il
ne prend plus en compte les réalités sociales et se
condamne ainsi à une déchéance certaine : « Il est
certain que le Roy est le Chef Politique de l'État,
comme la Tête l'est du Corps humain, je ne croy
pas que personne puisse douter de cette vérité. Or il
n'est pas possible que le Corps puisse souffrir lésion
en ses membres sans que la tête en souffre. » Si on
ne soigne pas le « corps » (social), la « tête » (politique) « souffre ». Or la « tête » a tendance chez nous
à se penser autosuffisante, à ne voir dans le « corps »
qu'une matière à contrôler, modeler, remodeler, sans
avoir à la sonder, l'écouter, la représenter.

Le roi et son Conseil ordonnent la destruction
immédiate du manuscrit. L'État ne tolère pas de
remise en cause de son récit. Le premier et le plus
grand théoricien du souverainisme étatiste français,
Bodin, commença par exclure le religieux de l'espace public et finit par appeler à brûler les sorcières.
Comme les curés. Non plus au nom de la Bible ou
de la foi évidemment, mais au nom de l'ordre civil
et de l'homogénéité du corps social. L'idéal de notre
État, ce vers quoi il tend naturellement, est monolithique : une seule source de légitimité du pouvoir
et du savoir, une seule vision de la France, un seul
centre d'élocution et de représentation.

Mais le récit étatique ne peut tenir lieu de récit national à lui seul. Des contre-récits, les chants des sans-voix et les cris des marges jalonnent notre histoire. Ils nous rappellent qu'il y a sous la « tête » un « corps » et que ce « corps » est multiple, irré-ductible à l'un. Notre identité n'est pas uniquement politique. Ou plutôt si : elle est politique – tout est politique chez nous – mais le politique n'est pas uniquement étatique. Lorsque la misère est trop grande et la pression trop forte, le pays s'embrase et la société – une partie de la société pour être précis – s'oppose à l'État. Violemment. Deux légitimités se font alors face. Deux France. Dont aucune n'a le monopole du récit national.

Nous sommes le 18 avril 1675 les locaux du fisc sont attaqués à Rennes par une foule protestant contre des impôts injustes et spoliateurs. L'insur-rection gagne rapidement l'ensemble de la Bretagne, puis Nantes et tout l'ouest du pays. Les mises à sac des centres d'impôts se multiplient, ainsi que les autodafés d'actes seigneuriaux. Le peuple refuse d'être saigné à blanc pour construire un château (Versailles) et de mourir pour l'image grandiose que l'État cherche à projeter de lui-même et, à travers lui, de la France.

La révolte des Bonnets rouges commence. Son meneur, Sébastien Le Balp, constitue une armée de 6 000 hommes en armes, accompagnée par 30 000 insurgés désarmés, dont beaucoup de femmes. Il écrit, en français afin d'avoir un écho national, un « code paysan » prônant l'abolition du champart (le partage des récolte), des corvées, de la dîme (taxe du clergé) ou du papier timbré (taxe sur les actes notariés), remettant en cause les privilèges, réclamant l'égalité. Ce n'est pas encore une révolution, c'est bien plus qu'une jacquerie.

L'État, ébranlé sur ses bases, entre alors en guerre contre une partie de son peuple. Le Balp est tué dans la nuit du 2 au 3 septembre 1675. La répression est terrible. Lorsque Rennes est reprise par les troupes royales le 23 octobre 1675, un habitant sur cinq est passé par les armes. Madame de Sévigné note que « les arbres de ce pays ploient sous les pendus ». Peu après, le 6 mai 1682, Louis XIV installe comme prévu sa Cour à Versailles, symbole éclatant de la césure entre l'État et la société qui sera annulée le 5 octobre 1789, lorsque le peuple de Paris s'emparera du palais et ramènera le roi en son sein, puis rétablie, puis annulée à nouveau, puis encore une fois rétablie, dans un mouvement de balancier auquel l'instauration de la République ne met pas fin et qui

66

résume notre histoire politique : État fort, révolte ou révolution, restauration d'un État fort, révolution, restauration, révolution...

Notre identité politique est à chercher dans ce cycle. La pure osmose entre le « corps » et la « tête » n'a jamais existé, pas même aux temps bénis du Roi-Soleil ou de la Troisième République civilisatrice, émancipatrice et prompte, aussi, à envoyer la troupe tirer sur les grévistes. Face à la souveraineté étatique, une contre-société (la Fronde, les salons des Lumières, les Sociétés d'amis préfigurant la Révolution, les syndicats...) a toujours émergé comme antidote et c'est dans le rapport, souvent tendu entre les deux, que se génère notre personnalité civique.

L'État, en tant que structure, ne saurait avoir le monopole du récit politique national car il peut trahir ce que nous pensons être la France. Nous sommes le 1er janvier 1942, sur la piste de l'aérodrome militaire de Saint-Erval en Angleterre. Il est 20 h 45 lorsque le capitaine Bentley ordonne au Whitley Z9125 de décoller. À son bord, l'ancien plus jeune préfet de la République, Jean Moulin, s'apprête à retourner clandestinement en France pour organiser la résistance intérieure. Depuis de longs mois, il est, comme tous ses camarades de lutte, un hors-la-loi pourchassé par la bureaucratie qu'il servait à peine un an auparavant.

Dans cet avion anglais, « une certaine idée de la France », celle célébrée, incarnée par le général de Gaulle, part à la reconquête de son territoire et de ses institutions : une France « virtuelle » entre en guerre contre la France dite « réelle » qui contrôle la terre, se revendique du sang, reçoit le soutien de l'Église officielle et s'appuie sur les structures de l'État. Tous les « liens » évoqués jusque-là sont du côté de Vichy. Et pourtant, nous continuons à affirmer que le renégat transporté, nourri, armé par les Anglais représente la France.

Chaque mission de bombardement des Forces françaises libres (FFL) contre le territoire et l'État français est une déclaration d'amour paradoxale à l'identité française. Pesons les mots d'un officier du bataillon Lorraine promis à une grande carrière politique, Pierre Mendès France : « Dimanche 3 octobre 1943. Irons-nous à nouveau sur la France ? L'éternel débat renaît. Avons-nous le droit d'aller bombarder des Français ? La discussion dure depuis des mois ; nous lui donnons tous la même réponse affirmative, mais nous éprouvons le besoin de la reprendre encore et toujours ». Ils aiment la France, donc ils la bombardent.

Le cas de conscience des Français « libres » nous interroge sur ce qu'est, en définitive, notre nation : quelque chose de déterritorialisé (elle peut s'emmener en Angleterre), d'impur généalogiquement (Russes blancs, Juifs polonais ou républicains espagnols forment une part essentielle des FFL) et religieusement (les fois et les non-fois se mélangent dans le même acte de dévotion patriotique). Un au-delà de l'État aussi, puisque la France peut exiger pour lui être fidèle de s'attaquer à l'État qui porte le nom de « français ». Elle est un esprit, « une certaine idée », un récit dont personne n'a le monopole.

Au nom de cette « idée » et de cet « esprit », un jeune général sans armée et déchu de sa nationalité peut, contre toutes les autorités établies, affirmer incarner la France. L'écrivain Georges Bernanos souligne la radicalité hallucinante du geste gaullien : « Qu'un simple colonel – promu général quelques semaines plus tôt – refugié à Londres dans un modeste appartement, impliquât dans ce crime contre l'honneur, contre la Patrie, contre la Foi Jurée, un vieux Maréchal de France, reconnu comme chef de l'État par les démocraties elles-mêmes et avec le Maréchal, idole vermoulue de millions de Français, les Notables, les Élites, l'ensemble des gens bien-pensants – *"hombres dignos*" – l'industrie, le haut commerce, le clergé, les académies et chose plus inavouable ! L'armée, les États-Majors, n'est-ce pas là un fait révolutionnaire, et sans doute le plus grand fait révolutionnaire de notre Histoire ? »

Il y a dans l'appel du 18 juin une forme de déracinement radical qui met en porte-à-faux les ancrages supposés de nos contrôleurs d'identité nationale. Romain Gary relève dans *La Promesse de l'aube* la surdité des « bien nés, bien élevés » : « Je comprends fort bien ceux qui avaient refusé de suivre de Gaulle. Ils étaient trop installés dans leurs meubles ». L'appel suppose, pour être entendu, un « trouble », une inquiétude, « la sourde angoisse des déracinés » que de Gaulle évoquera plus tard.

N'étant jamais figée dans le marbre et n'étant la propriété d'aucun acteur ou conteur unique, notre nation exige qu'on la dise et qu'on l'aime sans relâche. Celui qui la dit et l'aime le plus et le mieux lui donne son visage. Sans égard pour son génome, son lieu, son accent ou son uniforme. Seule compte l'inscription dans un récit qui nous précède et nous survit. Libérés des grilles de lecture identitaires qui prétendent dire une fois pour toutes ce qu'est *la* France en l'amputant de pans entiers de son identité mouvante, partons en quête des principes qui font *notre* France. À quoi ressemble-t-elle ? En quoi est-

elle différente des autres nations ? Ayant mis fin à la
chasse à cour de Tartuffe dans nos têtes, explorons
les multiples facettes et facéties de Renart à travers
notre histoire. Donnons à notre France un visage et
un corps.

Notre France est cosmopolite

Les lignes qui suivent relèvent, malheureusement, de la pure fiction.

François H. regarde son conseiller en communication d'un air décidé et lui annonce d'une voix ferme :

– Je veux donner du sens à mon quinquennat, imprimer une marque. Quitte à être impopulaire, autant incarner quelque chose...

– Exactement ! Du sens, une marque, de l'incarnation : se représidentialiser !

– Oui, enfin ça, on en parle tous les quinze jours... Non, je veux faire quelque chose de différent, prononcer un discours qui fasse date, quitte à cliver... Je pensais à une cérémonie d'envergure qui me permette de développer, d'imposer ma vision de la France.

– Une commémoration ? Ça représidentialise direct une commémoration... C'est bien.

– Oui, une commémoration, mais pas n'importe laquelle, pas un événement consensuel, habituel. Il faut que je parle à cette France qui m'a élu parce qu'elle refusait le discours de Grenoble, parce qu'elle rejetait les tentations xénophobes, cette France à laquelle personne ne s'adresse plus avec enthousiasme, avec cœur, avec emphase, une France ouverte sur le monde et sur l'autre, une société inclusive, à rebours des discours actuels...

– Euh... Vous pensez à quoi là ? On pourrait célébrer Jaurès ?

– Inutile. Tout le monde célèbre Jaurès aujourd'hui... Même Sarkozy et Le Pen. Non, quelque chose qui me distingue.

– Le Front populaire ?

– Pareil, même le FN cite les discours de Blum...

– Ok, mais on ne va pas non plus aller trop à rebrousse-poil de l'opinion... Ce serait bête de dépenser notre capital de popularité, de plus en plus restreint dois-je le rappeler, dans un discours exalté sur les Roms...

– Il ne s'agit pas de cela, mais mon capital s'érode de toute façon et j'aimerais éclairer l'ensemble du mandat d'une lumière différente... On ne peut pas se laisser enfermer dans des grilles de lecture qui ne

74

sont pas les nôtres parce que les sondages disent que l'opinion se droitise... On ne va quand même pas dire qu'on est contre l'Europe et pour la peine de mort parce qu'Ipsos prétend que c'est populaire...

– Certes, mais on ne peut pas non plus ignorer l'opinion, on est en démocratie... Vous pensez à quoi ?

– L'opinion, ça se travaille et la démocratie ne se limite pas à tes analyses des sondages... Mon projet est simple. Je veux panthéoniser des étrangers morts pour la France. Je veux prononcer un grand discours sur l'Affiche rouge. Tu sais ce que c'est ?

– Oui

– Bravo. Eh bien, je vais expliquer en quoi nous avons toujours été cosmopolites et mener une charge symbolique contre le repli.

– D'accord... Mais vous savez ce que les gens pensent du cosmopolitisme aujourd'hui ? C'est un gros mot...

– Je m'en moque. Je vais revendiquer le mot, le réhabiliter, le défendre. L'imposer. Les gens pensent que c'est un gros mot parce que personne n'ose plus l'assumer. Comme si c'était honteux, sale... Je vais le faire, moi. Avec l'Histoire comme soutien et comme témoin.

– Je vais tester... Parce que Affiche *rouge*, ça sonne clivant...

– Non, on ne teste rien, c'est décidé. On s'y met.
La France cosmopolite n'est pas qu'une affaire
d'équipe de foot. C'est l'Histoire avec un grand H. Je
vais le rappeler.

Nous sommes place du Panthéon deux ans plus
tard. François H. est au plus bas dans les sondages et il
pleut des cordes, comme d'habitude. Il ne s'en soucie
pas. L'air grave, il s'avance, fait face aux trois cercueils
drapés aux couleurs de la France et commence :
« Françaises, Français, mes chers compatriotes,
Aujourd'hui, nous avons rendez-vous avec
l'Histoire.
Aujourd'hui, nous avons rendez-vous avec l'autre
et avec nous-mêmes, avec cet autre qui nous permet
d'être véritablement nous-mêmes,
Aujourd'hui, les métèques, les apatrides, les gamins
des faubourgs, les mômes des classes dangereuses
prennent place au cœur et au sommet de la Patrie,
Aujourd'hui, Gavroche entre au Panthéon, un
Gavroche au sang mêlé et aux papiers douteux, un
Gavroche juif, arménien, espagnol, italien, et pourtant
français, absolument, indubitablement français, français comme vous et moi, et bien plus encore,
Aujourd'hui, les bien nés, les bien logés, les bien
rangés s'inclinent devant les mal rangés, les mal logés,
les mal nés,

76

Aujourd'hui, la nation se prosterne devant ces femmes et ces hommes venus d'ailleurs qui ont nourri notre terre et notre âme de leur génie et de leur sang, ces hommes et ces femmes qui ont fait notre Histoire, qui nous ont faits, nous tous qui sommes ici.

Aujourd'hui, en les retrouvant, la France se retrouve elle-même, en les honorant, nous nous honorons nous-mêmes.

Écoutez, chers compatriotes, la voix du poète qui chanta la France mieux qu'aucun autre dans la nuit de l'Occupation, écoutez la voix de Louis Aragon :

« Ils étaient vingt et trois quand les fusils fleurirent
Vingt et trois qui donnaient le cœur avant le temps
Vingt et trois étrangers et nos frères pourtant
Vingt et trois amoureux de vivre à en mourir
Vingt et trois qui criaient la France en s'abattant. »

Ils étaient vingt-trois, dont beaucoup avaient fui très tôt dans l'existence la haine, les persécutions et, pour deux d'entre eux, un génocide déjà.

Vingt-trois qui avaient épousé la France, à la vie et à la mort, dans la vie et dans la mort.

Vingt-trois dont certains n'avaient pas encore 20 ans et quasi tous pas encore 30.

« Nous sommes des enfants les uns et les autres » rappelle l'un d'eux, Zalnikov, ouvrier fourreur de 19 ans, dans sa lettre d'adieu.

Vingt-trois mômes au sang impur et au cœur saint qui prirent les armes pour défendre notre nation quand tant d'adultes, français de souche et de papiers, la livraient pieds et poings liés aux occupants.

Vingt-trois « terroristes apatrides » – c'est ainsi qu'on les désignait – qui furent arrêtés par la brigade spéciale des Renseignements généraux de notre État. Arrêtés, puis livrés par des Français : j'insiste sur ces mots, la douleur qu'ils suscitent, la honte qu'ils génèrent.

Vingt-trois destins immenses, tragiques et une question qui m'habite depuis l'adolescence, depuis que ces vers d'Aragon résonnent en moi, depuis que je réfléchis à ce qu'être français veut dire : qui de ces métèques, de ces Juifs de l'Est, de ces Arméniens, de ces Italiens qui donnèrent leur vie pour la patrie ou de ceux qui la trahirent en les livrant à l'ennemi, qui étaient les plus français ?

Cette question, j'aimerais que nous nous la posions tous, maintenant, alors que pointent à nouveau, une fois de plus, les tentations du repli et du rejet.

Elle nous interroge sur ce que notre nation a de singulier et d'universel, sur notre destin commun et notre identité collective.

Elle définit un certain rapport au monde et à la France, un rapport au monde qui fait la France, notre France.

Que les gardiens du temple se rassurent : je n'entends pas aujourd'hui m'adonner à cette repentance qu'il est convenu d'agonir sans jamais penser qu'un regard critique sur soi permet de mieux se connaître et donc de mieux s'aimer, sans songer qu'une nation forte, sûre de ses principes et de ses idéaux, n'a pas peur de se confronter aux zones d'ombre de son passé.

Non, je veux au contraire célébrer, ici et maintenant, cette part universellement, éternellement glorieuse de nous-mêmes.

Mais pour la célébrer, nous avons besoin de nous confronter à cette question :

Qui du Juif polonais ou hongrois, de l'Italien, de l'Espagnol, de l'Arménien luttant contre l'occupant ou du fonctionnaire qui les arrête pour plaire à l'ennemi, qui est le plus digne d'être par nous appelé « Français » ?

Si l'on a quelque estime de soi, si l'on aime la France, si l'on connaît son histoire, la réponse est évidente, immédiate.

Elle est lourde de sens pourtant, et je veux que nous en saisissions bien toutes les implications.

Elle nous dit quelque chose d'essentiel sur nous, quelque chose de consubstantiel à notre être, à notre identité, quelque chose que nous avons tendance à oublier aujourd'hui.

Elle nous dit que la France, notre France est infiniment plus qu'une affaire de sang ou de généalogie, infiniment plus qu'une affaire de papiers ou de bureaucratie, infiniment plus qu'une affaire de patronyme ou de religion.

Elle nous parle de cosmopolitisme, d'universalisme, de droits de l'homme, de tous ces mots que nous n'utilisons plus par peur ou par paresse et que j'entends réhabiliter devant vous, avec eux (*il montre du doigt les cercueils*). Ici et maintenant.

Elle nous parle de ces mots qui ont fait notre histoire avant que notre indolence politique et notre lâcheté intellectuelle ne les vident de leur sens.

Elle évoque cette « certaine idée de la France » qui fut selon de Gaulle le ferment du « pacte vingt fois séculier entre la liberté du monde et la grandeur de la France ».

Elle intime aux tenants du droit du sang qui, depuis de longues années, parlent si haut et si fort de se taire un instant et d'écouter la voix de notre nation sortir de ces cercueils, d'entendre le chant français qui jaillit des tombeaux que voici.

Elle exige des apôtres du repli une trêve dans leurs diatribes contre les migrants, les manants, les mendiants, une pause dans leur haine des réfugiés qui meurent dans nos mers ou errent sur nos terres.

Cette réponse, mes chers compatriotes, nous dit que notre nation est un esprit, une histoire, un récit qui embrassent, accueillent, intègrent celui qui désire les porter, les continuer, les défendre et qui rejettent celui qui les trahit, les ignore, les avilit, quels que soient son nom de famille, son lieu de naissance, sa religion, son origine sociale.

Ce sont cet esprit libre, cette histoire humaniste, ce récit cosmopolite que nous honorons – que nous retrouvons – en accueillant au Panthéon Olga Bancic, Missak Manouchian, Marcel Rajman.

Trois enfants échappés des confins orientaux de notre continent, de la nuit des pogroms et des massacres.

Trois Français de cœur et d'âme sinon de sang et de papier.

Trois étrangers et pourtant trois Français paroxystiques.

Trois, et à travers trois, tous les «Vingt et trois étrangers et nos frères pourtant».

«Parce qu'à prononcer vos noms sont difficiles» l'ennemi «Y cherchait un effet de peur sur les passants» nous rappelle Aragon.

Vingt-trois noms d'autant plus importants à énoncer qu'ils sont difficiles à dire.

Les voici :
Olga Bancic, 32 ans
Celestino Alfonso, 27 ans. Il écrit dans sa lettre
d'adieu, lui le républicain espagnol tout juste
arrivé sur notre terre et prêt déjà à l'arroser de son
sang : « Je ne suis qu'un soldat qui meurt pour la
France… »
Joseph Boczov, 38 ans
Georges Cloarec, 20 ans
Rino Della Negra, 19 ans
Thomas Elek, 18 ans
Maurice Fingercwajg, 19 ans
Spartaco Fontano, 22 ans
Jonas Geduldig, 26 ans
Emeric Glasz, 42 ans
Szlama Grzywacz, 34 ans
Amedeo Usseglio, 32 ans
Léon Goldberg, fusillé le jour de ses 19 ans. Il écrit
quelques heures avant de mourir à son amoureuse :
« Je n'ai pas peur de mourir. Je trouve quand même
que c'est un peu tôt. Comme cadeau d'anniver-
saire, c'est réussi n'est-ce pas ? Vive la France ! »
À ses parents, qui furent gazés à Auschwitz, il dit :
« Si vous revenez, ne me pleurez pas, j'ai fait mon
devoir en luttant tant que j'ai pu… Vive la France !. »
« Vive la France ! » : Léon Goldberg, Juif polonais
arrêté par des Français dont les parents furent

raflés par des Français eux aussi, meurt donc en disant, en pensant, en criant « Vive la France ! ».
Quelle leçon pour ceux qui aujourd'hui crient « Nique la France ! ».
Quelle leçon pour ceux qui aujourd'hui beuglent « les étrangers dehors ! »
Et quelle leçon pour nous tous qui assistons sans mot dire à la débâcle de l'idéal cosmopolite français !
Souvenons-nous de Léon Goldberg et de ses derniers mots. J'y reviendrai.
Stanislas Kubacki, 36 ans
Cesare Luccarini, 22 ans
Missak Manouchian, 37 ans
Armenak Arpen Manoukian, 44 ans
Marcel Rajman, 21 ans
Roger Rouxel, 18 ans qui signe ainsi ses adieux à sa fiancée : « Ton petit ami qui te quitte pour toujours. »
Antoine Salvadori, 24 ans
Willy Schapiro, 29 ans
Wolf Wajsbrot, 18 ans
Robert Witchitz, 19 ans
Szlama Grzywacz, 34 ans
Amedeo Usseglio, 32 ans

À travers trois, vingt-trois.

Et à travers vingt-trois, des centaines, des milliers : tous les étrangers, les métèques, les allogènes noyés dans les brumes de l'oubli qui combattirent pour notre liberté et qui moururent pour que nous puissions vivre.

Je pense à ce prince géorgien déchu devenu le roi incontesté de la Légion étrangère, Dimitri Amilakvari dont l'histoire me fut contée avec émotion par de jeunes légionnaires il n'y a pas vingt jours de cela. Je leur avais promis de la raconter, la voici.

Au moment de la débâcle de 1940, cet officier que les Anglais considèrent comme le plus grand héros militaire français de la guerre déclara : « Je dois tout à la France et ce n'est pas au moment où elle a besoin de moi que je l'abandonnerai. » Il conduisit – fait unique – l'ensemble des hommes sous son commandement à Londres, sans demander l'avis de personne, formant à lui seul le noyau dur des Forces françaises libres. « On ne refuse rien à un homme comme Dimitri » est une phrase qu'on répète encore dans les rangs de la Légion.

Sa conduite fut si brave à Bir Hakeim que le général Kœnig dit qu'il effraya les colonnes de tanks allemands à lui seul. Lorsque de Gaulle lui remit la croix de la Libération, le 10 août 1942, il eut ces mots glaçants et admirables : « Nous, étrangers, n'avons qu'une seule façon de prouver à la France notre gratitude pour l'accueil qu'elle nous a réservé : nous faire tuer pour elle. » Quelques mois plus tard, il se sacrifia pour permettre le triomphe des troupes alliées à El-Alamein. Il repose aujourd'hui quelque part dans les sables d'Égypte. Sa tombe, perdue dans le désert, est frappée de l'inscription suivante : « Est mort pour que la France vive ».

Songe, peuple de France : était-il plus ou moins français, ce géant des montagnes du Caucase que la cohorte des petits hommes qui, ayant reçu une carte d'identité en cadeau à la naissance, étaient prêts pour sauver leur peau à vendre celle de leur patrie ?

« Morts pour que la France vive » : c'est l'épitaphe de tous ces Russes blancs et ces Juifs rouges des FFL, ces républicains espagnols de la *Nueve* qui libérèrent l'hôtel de ville de Paris avant de rendre Strasbourg à la France, de tous ces Italiens antifascistes qui furent accueillis si froidement et aimèrent notre pays avec tant de feu, de tous les humanistes apatrides, les expulsés, les exclus qui comme Dimitri, comme vous trois qui entrez ici, ont choisi la France que nous avons reçu en héritage et l'ont aimée tellement plus que tant de rentiers de la nation pour qui elle était aussi naturelle que l'air qu'on respire.

« Morts pour que la France vive » : c'est aussi l'épitaphe des tirailleurs sénégalais qui prirent d'assaut le fort de Douaumont les 24 et 25 octobre 1916 à Verdun. Ils s'élancèrent en première ligne, prirent les mitrailleuses allemandes, combattirent au corps à corps, au coupe-coupe et à coups de crosse. Les Allemands reculèrent. Sous les vivats des autres soldats français, les Sénégalais prirent Douaumont. Des milliers d'entre eux ne revirent jamais leur terre, pour toujours prisonniers de la boue de Verdun.

« Morts pour que la France vive » : cette épitaphe qui rend Français parmi les Français, c'est la vôtre, chère Olga, cher Missak, cher Marcel, chers vingt-trois.

Dans la nuit qui engloutit vos pères, vos mères, vos épouses, vos enfants, vos frères et vos sœurs, vous avez mené un combat implacable, pour eux, pour nous.

Mal armés, mal nourris, toujours en fuite, sans cesse traqués, vous avez harcelé dans les rues de Paris et de sa banlieue les forces d'occupation.

Attaques de convois de troupes, de casernes, de détachements d'artilleurs, de parades d'officiers de la *Kriegsmarine*, exécutions de miliciens, de délateurs, de hauts gradés : Thielbein trésorier de l'armée allemande, le général Von Apt, le « docteur » Julius Ritter responsable du Service du travail obligatoire, le sinistre STO...

Et encore, déraillements des trains militaires sur les lignes Paris-Troyes, Paris-Reims, Paris-Montargis, Paris-Verdun...

Et encore, opérations surprises contre les uniformes gris vert vautrés aux terrasses des cafés et servis par tant des nôtres sans honte ni vergogne.

Toujours à trois, en triangle, un tireur, deux défenseurs non armés faute de munitions, vous vous postiez au plus près de la cible pour mieux l'identifier, ne pas la rater, ne pas tuer d'innocents.

Le péril était plus grand ainsi et nombre de vos compagnons périrent en cours d'opération. Mais vous assassiniez sans être des assassins. Un résistant écrit de vous : « Ce n'est pas de gaîté de cœur qu'ils passent à l'acte. Ils ne sont ni des tueurs ni des héros de cinéma à la gâchette facile. Ce sont de simples jeunes qui respectent la vie, ne trouvent pas facilement le sommeil et sont en proie à de violents cauchemars. »

Vous étiez les plus soutiers de ces « soutiers de la gloire » pour reprendre les mots de Pierre Brossolette sur la BBC : « un régiment sans drapeau dont les sacrifices et les batailles ne s'inscriront point en lettres d'or dans le frémissement de la soie, mais seulement dans la mémoire fraternelle et déchirée de ceux qui survivront. »

Vous apparteniez aux FTP-MOI, ces « Francs-tireurs et partisans de la main-d'œuvre immigrée » qui furent parmi les premiers à relever notre drapeau en berne.

Depuis le 2 mars 1943, vous formiez la 1ère section de l'Armée secrète, sur décision de Jean Moulin.

Vous n'avez pas traîné : entre le 17 mars et le 12 novembre 1943, plus d'une centaine d'actions accomplies à Paris pour le compte de la France combattante.

Écoutons Charles Tillon, le commandant en chef des Francs-tireurs et partisans, parler de vous avec admiration : « On ne dira jamais assez ce que la résistance armée doit à ces travailleurs manuels et intellectuels qui formaient ce qu'on appelait la MOI en 1939. Dès les premiers jours de l'Occupation, ils furent volontaires pour défier la mort, eux qu'on appelait les "étrangers" se sentaient dans le cœur l'amour du pays qui les avait repoussés, l'amour du pays qui les avait reçus ».

Une part de France vous rejetait, notre part honteuse, une autre vous admirait, la part fière, la part qu'il nous incombe à tous de continuer et défendre.

Votre procès, dit « procès des étrangers », s'ouvre le 17 février 1944.

Il est exactement 9 heures du matin lorsque vous faites votre apparition dans les salons lambrissés de l'hôtel Continental reconvertis en cour martiale allemande. La salle est drapée de rouge et de noir, aux couleurs du drapeau nazi. Trois « juges » militaires allemands, un procureur militaire allemand, un interprète militaire allemand, la presse, la radio, les caméras allemandes, mais aussi les caméras françaises vous font face.

On décrit longuement dans la presse aux ordres des « gueules de criminels à la solde de Londres et de Moscou », des « gueules d'anti-France ».

L'occupant et ses relais veulent faire de vous des incarnations de la « pègre internationale » : « leurs têtes hideuses. Le sadisme juif s'y étale dans l'œil torve, les oreilles en chou-fleur, les lèvres épaisses et tombantes, la chevelure crépue et filasse. Crasse physique et tare mentale : voilà l'armée du crime » : ces lignes abjectes sont tirées d'un journal français – oui, français – dont le nom est heureusement tombé dans l'oubli et que je ne citerai pas pour ne pas lui redonner vie.

Le simulacre commence. Il dure quatre jours. Le verdict tombe le 21 au matin, sans surprise : pour tous, la mort.

À 15 heures, vous êtes fusillés.

Les services de propagande nazis ont concocté une affiche tirée à 15 000 exemplaires qu'ils collent le même jour sur les murs de toutes les grandes villes de France.

Hauteur : 1m52, largeur : 1m30. Rouge, couleur de sang. Dix médaillons forment un triangle agressif, dix têtes de forçats. En bandeau, vos noms « difficiles à prononcer » : Wajsbrot, Grzywacz, Fingercwajg, Boczov, Manouchian…

Six photos attestent de vos « crimes » et une question barre la page : « Des Libérateurs ? ». La réponse cingle : « La libération par l'armée du crime ! ».

Dans Paris, des dizaines de milliers de tracts sont distribués. Au recto de ceux-ci, une réduction de l'affiche et au verso, le commentaire suivant : «Voici la preuve/ Si des Français pillent, volent et tuent/ Ce sont toujours les étrangers qui les commandent/ Ce sont toujours des chômeurs et des criminels professionnels qui exécutent/ Ce sont toujours des juifs qui les inspirent / C'est l'armée du crime contre la France/ C'est le complot de l'anti-France ! »

Face à vos visages censés effrayer le chaland et si beaux en réalité, deux France se révèlent. Deux France irréconciliables.

L'une, trop heureuse d'éviter la vindicte de l'occupant, détourne le regard ou, pire, se réjouit de votre supplice.

L'autre vous regarde dans les yeux, émue. Elle vous contemple et vous aime. Elle se reconnaît en vous, s'identifie à vous.

Laquelle est l'anti-France ? Laquelle est la France ?

Certains passants, la nuit venue, déposent une fleur devant l'Affiche, d'autres griffonnent « morts pour la France », « martyrs », « armée de la résistance ».

Simone de Beauvoir raconte : « Tous ces visages qu'on proposait à notre haine étaient émouvants et même beaux ; je les regardai longtemps sous les voûtes du métro, pensant avec tristesse que je les oublierai. »

Elle ne vous a pas oubliés. Nous ne vous avons pas oubliés. Et nous ne vous oublierons jamais.

Vos beaux visages forment le grand et beau visage de la France libre, la seule qui vaille à nos yeux.

Vos visages, chers vingt-trois, forment le visage de la France que je sers, que j'aime, que je préside.

Nous sommes le 21 février 1944 au matin. Vous êtes condamnés.

Au moment d'entrer dans le fourgon, l'un d'entre vous sourit et l'autre tire la langue aux caméras.

Jean Cassou, résistant poète, poète entré en résistance, écrit de vous : « Méprisants ? Non. Mais ironiques, et fatidiques. Légers. Réduits à leur seule liberté. » Réduits à la part essentielle de l'homme : sa liberté.

Nous sommes le 21 février 1944 à 15 heures, au mont Valérien.

Face au peloton d'exécution, ceux d'entre vous qui ne sont pas ligotés lèvent le poing. D'autres, ou les mêmes, chantent ou sifflotent *L'Internationale* et *La Marseillaise*.

Vous avez tous décliné le bandeau pour défier du regard les fusils et les bourreaux.

« Ils refusaient les yeux ouverts ce que d'autres acceptent les yeux fermés », écrit René Char.

Nous sommes le 21 février 1944 et vous êtes vingt-deux à tomber sous les balles.

Vingt-deux car le vingt-troisième est une femme. Les nazis ne fusillent pas les femmes, ils leur coupent la tête. Le paragraphe 103 de l'article 3 de leur règlement est clair : « l'exécution des hommes se fait par fusillade, les femmes doivent être décapitées ». Pas en France, en Allemagne. Alors que vous mourez ensemble, Olga Bancic est transférée vers Stuttgart. Elle sera guillotinée au 18 Urbanstrasse, à 5 heures du matin, le 10 mai 1944. Le jour de ses 32 ans. Seule, en territoire ennemi.

Olga est née en Bessarabie. Jeune syndicaliste, elle est emprisonnée et battue à plusieurs reprises par la « Sûreté » de l'État roumain.

Elle se réfugie à Paris en 1939 et donne naissance à Dolores, française grâce à ce droit du sol et que – j'en fais ici le serment solennel – je défendrai jusqu'à mon dernier souffle.

Quand les tanks allemands submergent nos défenses et déferlent sur notre pays, Olga cache sa fillette dans une famille française, l'une de ces familles de Justes qui furent l'honneur de notre nation quand l'État en fut la honte.

Elle s'engage dans la MOI, rejoint le groupe Manouchian et participe à une centaine de combats. Son nom de guerre est Pierrette.

« Pierrette était chargée du transport des armes. Elle devait à l'heure dite apporter des grenades et des revolvers, puis les récupérer après l'action. Après le bouleversement d'un attentat, le quartier était tout de suite encerclé, les maisons fouillées et les rames de métro arrêtées. Les hommes qui avaient tiré s'enfuyaient immédiatement à vélo, mais Olga qui avait attendu que les combattants aient fini leur travail ne bougeait pas et elle récupérait les armes (nous en avions très peu) », témoigne un de ses copains, survivant, Arsène Tchakarian.

Le 9 mai 1944, Olga parvient à jeter par la fenêtre une lettre adressée à la Croix-Rouge et destinée à sa fille de 4 ans.

« Chère Madame, je vous prie de remettre cette lettre à ma petite fille Dolores Jacob après la guerre. C'est le dernier désir d'une mère qui va vivre encore 12 heures. Merci. »

« Ma chère petite fille, mon cher petit amour,
Ta mère écrit la dernière lettre, ma chère petite fille, demain à 6 heures, le 10 mai, je ne serai plus.
Mon amour, ne pleure pas, ta mère ne pleure pas non plus. Je meurs avec la conscience tranquille et avec toute la conviction que demain tu auras une vie et un avenir plus heureux que ta mère. Tu n'auras plus à souffrir. Sois fière de ta mère, mon petit amour. J'ai toujours ton image devant moi.
Je vais croire que tu verras ton père, j'ai l'espérance que lui aura un autre sort. Dis lui que j'ai toujours pensé à lui comme à toi. Je vous aime de tout mon cœur ».
Olga n'a pas parlé sous la torture et n'a pas connu « la chance de mourir ensemble ».

Peuple de France, souviens-toi d'Olga Bancic, morte pour un pays dans lequel elle n'avait connu qu'une année de paix et de liberté, dont elle ne connaissait que l'histoire glorieuse et le présent sinistre.

Chère Olga Bancic, entre ici, dans le cœur d'une nation dont tu fus l'âme lumineuse et le visage solaire au moment où une nuit éternelle menaçait de l'envelopper.

Le 21 février 1944, Marcel Rajman meurt à 21 ans.

Marcel, c'est la grande littérature française revisitée. Un Gavroche des faubourgs qui se mue en Julien Sorel face à ses juges lorsqu'il proclame crânement : « Je rappelle au tribunal mon impossibilité de vivre sans lutter contre la force armée allemande ! »

Les tracts de l'occupant lui taillent la place d'ennemi n° 1 : « Rajman le tueur, assassin de dix-sept Français, déclarant avec cynisme à l'instruction qu'il voudrait voir toutes les rues pavées de têtes de femmes et d'enfants goys ».

Plus cultivé et tout aussi ignoble un journaliste de la presse aux ordres écrit : « Rajman semble échappé d'un roman russe. Échevelé, pâle jusqu'aux lèvres, l'œil opalin, il n'est pas de notre temps. C'est le nihiliste d'autrefois, le révolté de toujours, l'éternel dérailleur de train. »...

Non, Marcel n'est pas une figure de littérature étrangère : il est le roman français dans toute sa splendeur.

Né à Varsovie dans une famille juive, il a huit ans quand ses parents se réfugient en France et s'installent 1 rue des Immeubles-Industriels, au cœur de ce XIᵉ arrondissement si populaire et si cosmopolite. À l'école, il rattrape brillamment son retard. Faute d'argent, à douze ans il est livreur, à quinze ouvrier tricoteur.

Plus parigot que les parigots, belle gueule, cheveux en bataille, des yeux verts, de grosses joues enfantines, toujours le mot pour rire et le sourire aux lèvres : Marcel est le roi du quartier. Il danse et il boit chez « Bouboule », il va à la piscine avec ses potes, il incarne la figure si attachante, si française du Titi parisien.

Le 21 août 1941, il assiste place de la Nation à l'arrestation de son père, qui ne reviendra pas des camps. Il adhère alors aux jeunesses communistes, échappe aux incessantes rafles de juifs, entre en clandestinité, collectionne les pseudonymes « Léo », « Faculté », « Tchapaiev », « Michel », « Simon »... Avant d'opter pour « Marcel Rougemont ».

En 1942, il intègre le détachement juif des FTP, puis l'Armée secrète. Désormais il a un matricule comme dans une armée régulière. Son numéro : le 10305. Les combattants de son groupe ne sont qu'une centaine, mais tous leurs matricules commencent par 10 000 afin d'impressionner l'ennemi.

Son premier fait d'arme a lieu le 3 juin 1942, 17 rue Mirabeau, dans le 16ᵉ arrondissement de Paris. Avec un copain, Ernest Blankopf, ils lancent des grenades bricolées sur un car de la *Kriegsmarine*. Sous le feu nourri des Allemands, il parvient à s'échapper. Ernest, lui, est grièvement blessé. Pour éviter d'être pris, il se tire une balle dans la tête.

Marcel s'impose vite en maître de guerre urbaine. À vingt ans, stratège brillant, il passe instructeur et c'est sous ses ordres que Manouchian mène sa première action à Levallois-Perret.

Marcel dirige la « section spéciale » dite « Stalingrad », celle des coups les plus durs et les plus périlleux, il se paie les cibles les plus prestigieuses.

« Le 28 septembre 1943, à 9 heures du matin, dans la rue Pétrarque à Paris, trois partisans armés de pistolets ont abattu dans sa voiture le docteur Ritter, représentant en France de Fritz Sauckel, commissaire à la main-d'œuvre, chargé de la déportation en Allemagne des travailleurs des pays occupés... »

Cet attentat, l'un des faits d'armes les plus retentissants de la résistance, ébranle l'occupant. Comme tant d'autres, il porte la signature de Marcel. Son ami Alfonso tire le premier ; les balles sont amorties par les vitres de la voiture, mais l'ennemi est blessé : il tente de sortir du véhicule par la porte opposée et se trouve nez à nez avec Marcel qui l'achève de trois balles.

Après plus de 150 actions en deux ans, il est pris en même temps que les autres.

Derniers instants. Derniers mots. À sa mère, Chana, déjà gazée à Auschwitz (convoi 67) – mais il ne le sait pas – il écrit :

« Ma chère petite Maman, quand tu liras cette lettre, je suis sûr qu'elle te fera une peine extrême, mais je serai mort depuis un certain temps... Excuse-moi de ne pas t'écrire plus longtemps, mais nous sommes tous tellement joyeux (...). J'aurais voulu vivre rien que pour toi... Ton Marcel qui t'adore et qui pensera à toi à la dernière minute. Je t'adore et vive la vie ! »

« Vive la vie ! » En préparant ce discours, les larmes me sont venues en lisant ces derniers mots d'un condamné à mort de 20 ans.

À son petit frère Simon, déporté à Buchenwald (convoi 85), mais il ne le sait pas non plus, il écrit :

« Vive la vie belle et joyeuse comme vous l'aurez tous... ne fais pas attention si ma lettre est folle mais je ne peux pas rester sérieux. »

À sa tante :

« Je vais être fusillé aujourd'hui à 15 heures... Nous venons de recevoir un colis de la Croix-Rouge et nous mangeons comme des gosses toutes les choses sucrées que j'aime tant... Ici on est tous en joie. Je suis sûr que cela vous fera plus de peine qu'à nous. Marcel. »

Le garçon qui écrit ces lignes a été bestialement torturé. Il nous dit : « on est tous en joie » et « vive la vie » !

Jeunesse de France, souviens-toi de Marcel Rajman. Retrouve-toi en lui, gamin des faubourgs qui effraya l'occupant et prit place ici, soixante-dix ans plus tard, au cœur de la nation. Chez lui.

Missak Manouchian est déjà rescapé d'un génocide quand l'autre commence : il est arménien.

« Comme un forçat supplicié, comme un esclave qu'on brime,
J'ai grandi nu sous le fouet de la gêne et de l'insulte,
Me battant contre la mort, vivre étant le seul problème...
Quel guetteur têtu je fus des lueurs et des mirages. »

L'homme qui a écrit ces vers est un poète avant d'être un soldat et un réfugié avant d'être un poète.

99

Quand en 1925 Missak débarque à Marseille avec
son petit frère Karabet, il a déjà tout vécu. Tout vu.
Tout connu. La guerre, les massacres, l'exode, la
famine, les coups, la peur, l'orphelinat.

À neuf ans, il assiste à l'assassinat de ses parents, de
pauvres paysans d'Adryaman au bord de l'Euphrate,
par les soldats turcs.

Dans sa fuite, il croise une famille kurde qui le
cache et le protège. Recueilli, comme tant d'enfants
arméniens dans un orphelinat de Djounié au Liban,
passé sous contrôle français en 1918, il rêve de liberté,
de révolution, de littérature. Il rêve de France.

Son itinéraire sera celui d'un errant, orphelin
entouré par la mort et pourtant plein de vie : « et
qu'on dise de moi : il est fou d'ivresse ». Ivre d'amour,
d'idéal, de vie.

Tour à tour ouvrier tourneur chez Citroën, modèle
pour sculpteurs, auditeur libre à la Sorbonne, il écrit
des poèmes, traduit Baudelaire, Verlaine et Rimbaud
en arménien et les publie dans des revues.

Écœuré, le 6 février 1934, par les bandes fascistes
qui déferlent dans les rues, il adhère au parti
communiste.

En 1939, il s'engage dans l'armée française – contre
les ordres d'un parti qui soutient alors le Pacte
germano-soviétique – pour combattre l'agression
allemande.

Après la défaite, il entre en résistance, puis rejoint les FTP-MOI en février 1943. Après avoir été entraîné à la guérilla urbaine par Marcel, Missak devient responsable du groupe.

Il aime ses jeunes et éphémères soldats de l'ombre qu'il appelle affectueusement « mes papillons ».

Le 16 novembre 1943, Manouchian est arrêté sur les berges de la Seine, à Evry. Il a été dénoncé.

Mont Valérien. Dernière lettre à sa femme Mélinée, sa *« petite orpheline bien aimée »*. Il écrit :

« Je m'étais engagé dans l'Armée de libération en soldat volontaire et je meurs à deux doigts de la victoire et du but. Bonheur à ceux qui vont nous survivre et goûter la douceur et la liberté et la paix de demain… Au moment de mourir, je proclame que je n'ai aucune haine contre le peuple allemand… Bonheur à tous ».

Missak Manouchian figure sur l'Affiche rouge, plein centre, avec la mention « chef de bande ». Missak Manouchian est mort pour que tu sois libre, cher peuple de France. Souviens-toi de Missak Manouchian.

Olga, Missak et Marcel, on vous nommait « les étrangers » ou les « apatrides ». Vous étiez, vous êtes, vous resterez toujours les plus français des Français. Français d'honneur, doublement français par le sol défendu et par le sang versé. Le sang et la terre dont on hérite ne disent rien comparés au sang qu'on verse et à la terre qu'on défend.

Écoutons aujourd'hui ce sang versé, cette terre sauvée nous parler. De vous, pour vous.

« Rien n'est jamais acquis à l'homme, ni sa force, ni sa faiblesse, ni son cœur… » écrivait Aragon, le poète qui vous a le mieux chantés.

Rien n'est jamais acquis. Aujourd'hui, nous le voyons, nous le sentons.

Et c'est pour cela que nous avons besoin de vous, de vous entendre et de vous voir.

Aujourd'hui, alors que notre pays est frappé par les attentats sanglants d'une nouvelle Internationale totalitaire – l'Internationale djihadiste – ayant sur notre sol des soutiens et des complices, alors que notre société est ébranlée dans ses fondements, alors que notre foi dans nos idéaux démocratiques et universalistes est à nouveau testée, il est plus important que jamais de vous entendre et de vous voir.

Alors que les tentations du repli et du rejet progressent chaque jour, alors que j'entends à chaque heure des voix réclamer que l'on ferme les portes de notre continent et de notre pays aux centaines de milliers de femmes, d'hommes et d'enfants qui s'abîment en Méditerranée en quête non pas d'un monde meilleur, mais d'un monde ayant simplement autre chose que la mort comme horizon, il est urgent de revenir vers vous, les témoins sublimes de ce que peut être la France lorsqu'elle est fidèle à elle-même.

Victor Hugo eut ces mots magnifiques sur le rôle, le sens de l'Histoire : « Il faut, pour la marche en avant du genre humain qu'il y ait sur les sommets, en permanence de fières leçon de courage. L'aurore ose quand elle se lève. Tenter, braver, persister, persévérer, être fidèle à soi-même, prendre corps à corps le destin, étonner la catastrophe par le peu de peur qu'elle nous fait, tantôt affronter la puissance injuste, tantôt insulter la victoire ivre, tenir bon, tenir tête ; voilà l'exemple dont les peuples ont besoin, et la lumière qui les électrise. »

Puisse votre lumière nous électriser tous, puisse votre exemple guider nos pas face aux nouvelles menaces, puissent vos leçons de courage nous aider à relever les défis de l'avenir.

Vous avez étonné la catastrophe, vous êtes notre éternelle aurore.

Il n'y a pas de peuples sans héros, n'en déplaise aux déconstructeurs professionnels, et il n'y a pas de politique sans symboles, n'en déplaise aux poseurs cyniques.

Vous êtes nos héros et nos symboles, vous êtes le message que nous apportons au monde et qui nous fait vivre.

Notre nation est fondamentalement cosmopolite. Son Panthéon devait l'être aussi.

Vous êtes ici chez vous, Olga, Marcel, Missak.

Alors entrez dans votre dernière demeure.

Je laisse le mot de la fin à Manouchian lui-même :

« Que le sommeil et la lassitude ne voilent point nos âmes !
À tout moment l'ennemi change de couleur et de forme,
Et nous jette sans arrêt dans sa gueule inassouvie. »

Nos âmes ne se voileront pas, nous ne baisserons pas la garde, nous ne fermerons pas les yeux, grâce à vous, Olga, Marcel, Missak.

Vous êtes la France.

Vive l'Affiche rouge ! Vive la République et vive la France !

Notre France est universaliste

Nous sommes le 29 août 2015, au Signal Iduna Park de Dortmund, au cœur de ce « mur jaune » qui est sans doute la tribune de fans de foot la plus impressionnante d'Europe. Au milieu des drapeaux jaunes et noirs du club local du Borussia, une grande banderole fait son apparition sous les applaudissements : « *Refugees Welcome* ». Les mêmes scènes se reproduisent au cours du week-end dans tous les stades de *Bundesliga*, le championnat allemand. À Hambourg, Brême ou Schalke, les supporteurs rivalisent de messages de bienvenue. L'austère Angela Merkel prononce des discours exaltés sur la solidarité et l'humanisme dont on ne la soupçonnait pas capable. Des centaines de citoyens accueillent les familles syriennes à leur arrivée en gare de Munich et les restaurants de Francfort ou Berlin leur offrent des repas gratuits. Le tabloïd conservateur *Bild*

– pas vraiment un journal « bobo-gaucho » – lance une campagne intitulée « Nous aidons » et son jeune reporter auprès des colonnes d'exilés errant en Europe, Paul Ronzheimer, devient une star nationale.

Tout ne se passe pas sans heurt. Des groupes nationalistes s'opposent violemment à la politique de la chancelière. Le pari de Merkel est extrêmement risqué. On lui reprochera chaque raté dans l'intégration des nouveaux arrivants. On la rendra responsable de chaque infiltration djihadiste en leur sein. On la blâmera pour les viols du 31 décembre à Cologne, pourtant commis par des immigrés de longue date. Elle sera mise à mal par l'attentat d'Ansbach, en Bavière, perpétré par un jeune réfugié syrien. Accueillir des centaines de milliers de personnes fuyant le Proche-Orient est un choc socioculturel majeur et, en période de menace terroriste permanente, un défi sécuritaire immense.

L'élan de solidarité allemand a néanmoins quelque chose de fascinant. Il relève d'un sentiment plus profond, durable et significatif que notre zapping émotionnel habituel. Et la chancelière ne changera pas de ligne en fonction des sondages, des retournements de veste politiques, des difficultés ou même des attentats, donnant une leçon de constance politique que même ses adversaires les plus farouches sont contraints d'admettre tout en la qualifiant d'aveuglement. Le 27 juillet 2016, répondant aux critiques qui suivirent l'attentat d'Ansbach, Merkel déclare : « Les terroristes veulent remettre en cause notre volonté d'accueillir ces gens en détresse. Nous nous y opposons fermement (…) Je suis aujourd'hui comme hier convaincue que nous allons arriver à mener à bien cette mission historique en ces temps de mondialisation ». Elle répète plusieurs fois, d'un ton ferme « Nous y arriverons » (« *wir schaffen das* »), rappelant que la politique est avant tout affaire de conviction.

En cette fin d'été 2015, la vague de patriotisme altruiste qui submerge l'Allemagne donne l'impression d'assister à la naissance d'une nouvelle nation. Les lignes de fracture politiques traditionnelles s'effacent. Les Verts s'affirment comme les meilleurs alliés de Merkel alors que son propre parti renâcle à la suivre. Chaque volontaire – ils sont des dizaines de milliers à travers le pays, jeunes et vieux, pauvres et riches – parle de fierté, de dépassement des égoïsmes, d'ouverture sur le monde. « Nous nous mettons soudainement à ressembler à l'image que nous avions des Français autrefois, un peuple idéaliste, capable d'enthousiasmes collectifs que nous faisions semblant de mépriser tout en les enviant. Nous étions jaloux, au fond, de votre rapport au monde. Et aujourd'hui nous devenons ce que vous étiez hier, avant que vous ne soyez subitement frappés de neurasthénie et d'aigreur » dit Paul Ronzheimer en souriant au milieu d'un groupe d'enrôlés du service civil, âgés de 20 à 25 ans, attelés à construire une cuisine géante à quelques kilomètres de la frontière autrichienne.

Le journaliste de *Bild* continue, d'un ton plus grave : « Nous n'avons pas l'habitude d'être fiers d'être allemands. Le sentiment national, celui qui rend heureux d'appartenir à une patrie, fut longtemps tabou ici pour des raisons historiques évidentes et légitimes. Aujourd'hui, ce sentiment est comme réhabilité à travers l'accueil des réfugiés. C'est un sentiment très différent de celui qui a hanté notre passé. Il est cette fois-ci tourné vers le monde et l'autre. On parle de "patriotisme constitutionnel" ou de "patriotisme cosmopolite". C'est nouveau pour nous. »

La joie collective allemande – cette émotion rare et profonde d'un peuple qui se retrouve dans un projet commun – est impressionnante. Mais les autres Européens se méfient : comment gérer un tel afflux ? La position de Merkel, en pleine menace terroriste, est-elle tenable ? Paul Ronzheimer continue : « Bien sûr qu'il y aura des problèmes. Graves. Ces exilés sont comme tout le monde : certains réussiront, d'autres échoueront. Ils commettront des erreurs, ils commettront même probablement des horreurs. J'ai passé des mois à leur côté. J'ai vu des fanatiques. Peu je dois dire, mais je sais que les partisans de Daech surjouent la normalité pour ne pas être remarqués. Mais quelle est l'alternative ? Doit-on les laisser se noyer ? Transformer l'Europe en vaste Hongrie ? Fermer les yeux ? Détourner le regard ? Nul ne sait de quoi l'avenir sera fait, mais il reste qu'à un moment donné de notre histoire, nous aurons été capables de nous hisser à la hauteur des principes que l'on évoque à longueur de journée. »

Pendant ce temps-là au « pays des droits de l'homme », dans l'indifférence quasi générale, le plus grand bidonville d'Europe pousse sur une décharge à la sortie de la ville de Calais. Six mille migrants s'entassent dans ce dépotoir dont le nom seul – la « jungle » – résume tous nos renoncements et tous nos replis.

L'espace calaisien est divisé en trois mondes que plus rien ne relie et que l'État veille à cloisonner : celui des passagers de l'Eurostar, protégé par trois rangées de grilles immenses et une armée de gendarmes, celui des habitants d'une région économiquement sinistrée, minée par le chômage et la crainte du présent comme de l'avenir, celui enfin, repoussé loin de la ville, des exilés Afghans, Syriens, Soudanais, Érythréens, Éthiopiens, Iraniens ou Irakiens, le monde de la « jungle ». À cet endroit et en cet instant, la République n'a plus rien d'une quête du commun, elle sépare et elle isole.

En cette fin d'été 2015, une partie de la terre française est régie par cette loi propre aux sociétés anomiques que les dissidents soviétiques appelaient « loi du dernier » : une échelle de relégations successives dans lequel vous êtes toujours l'exclu et l'excluant de quelqu'un, du « premier » – celui qui n'est l'exclu de personne – jusqu'au « dernier », l'être à la marge de la marge qui n'a plus la force d'exclure qui que ce soit. Une échelle de relégations qui va du voyageur parisien rejoignant l'Angleterre pour un rendez-vous d'affaire jusqu'à Idriss, jeune Soudanais rejeté par sa communauté, exilé par les exilés eux-mêmes, dormant seul dans les buissons qui jouxtent le bidonville.

De la « jungle » vers le tunnel, puis en sens inverse, des grappes d'ombres se déplacent. Deux Syriens font une pause et fument des cigarettes. Mohammed vient de Lattaquié et Youssef de Damas. Le premier est alaouite et le second sunnite – « mais on s'en fout, nous sommes syriens avant tout » dit Mohammed. « Humains avant même d'être syriens, on a tendance à l'oublier ici... » précise Youssef. Ils se sont connus

en Turquie en cherchant un passeur. Leur embarca-
tion a très vite fait naufrage en mer Egée et ils ont
décidé de poursuivre à la nage vers la Grèce alors
que leur trente-cinq compagnons de traversée ont
regagné les côtes turques. Du moins c'est ce qu'ils
supposent car ils ne savent pas ce qui est arrivé aux
autres. Ils ont échoué trois fois déjà à entrer dans le
tunnel. Désabusé, Youssef cite le poète Ibn Arabi : « Je
ne suis ni d'Orient, ni d'Occident, ma seule place ici-
bas est de ne pas avoir de place ».

En 2015, pour éviter tout « appel d'air », notre
État refuse de s'occuper de six mille êtres humains
livrés à eux-mêmes quand l'Allemagne en accueille
cent fois plus. La « jungle » est un amoncellement
chaotique de tentes, un empilement anarchique de
misères : « C'est, de loin, le pire camp de réfugiés
que j'ai vu et j'en ai vu des tas » affirme un volontaire
de Médecins du monde dépité. « *Welcome in hell* »
renchérit « Baby », réfugiée éthiopienne qui « vit » ici
depuis cinq mois. Ayant dénoncé l'implication d'of-
ficiels corrompus dans la vente de filles pauvres à
des réseaux de prostitution de pays du Golfe, elle
a dû fuir Addis Abeba : « Je n'ai eu le temps de rien
prendre avec moi de mon ancienne vie. J'ai même
abandonné mon nom dès la frontière franchie. Je
suis devenue Baby, femme sans terre ni droit. Une
migrante. » Ce fut d'abord le Soudan, puis la Libye,

la traversée de la Méditerranée, l'Italie et la France enfin, « le pays des droits de l'homme… et de la jungle » dit-elle : « la question que je ressasse depuis que je suis arrivée ici est simple : est-ce cela la patrie des droits de l'homme ? »

La question de Baby interroge notre classe politique, notre État, nous-mêmes et ce que nous faisons de notre identité. Incontestablement, la fin de l'été 2015 est un moment de bascule. Un président de la République « de gauche » refuse de reprendre l'appel à la générosité d'une chancelière « de droite ». Les assistantes sociales que l'on trouve aux frontières allemandes sont remplacées chez nous par des CRS habillés en Robocops. Le travail admirable des associations de terrain n'est relayé à Paris par aucune politique publique. Les « intellos » se taisent quand ils ne pestent pas eux aussi contre les envolées « irresponsables » de Merkel : la France semble saisie de tétanie. Il n'y a ni attaque de foyers de réfugiés par des militants d'extrême droite, ni mobilisation des consciences « droit-de-l'hommistes ». Il ne se passe pas grand-chose en fait. Comme si nous n'étions pas revenus de nos longues, très longues vacances posthistoriques. Comme si nous n'étions concernés ni par les naufragés de Méditerranée, ni par les échoués de Calais.

Dire et aimer ce que nous sommes

Les éditorialistes, les chroniqueurs et les leaders politiques français auront beau se rassurer en glosant sur les difficultés rencontrées par Angela Merkel dans une peu reluisante *Schadenfreude,* cette joie mauvaise que procurent les malheurs d'autrui, le retournement historique n'en est pas moins spectaculaire. Dans la chaleur de cet après-midi du 29 août 2015, le fan de foot allemand a remplacé l'intellectuel parisien à l'avant-garde de l'humanisme européen. Le stade de Dortmund a éclipsé un Café de Flore transformé en musée Grévin pusillanime et absurde. Le cœur universaliste du continent ne bat plus à Paris, ville lumière subitement éteinte. L'audace a changé de patrie.

Le 13 septembre, alors qu'il tente de justifier le retard à l'allumage du gouvernement qu'il soutient et du mouvement qu'il dirige face à la tragédie des réfugiés, le premier secrétaire du Parti socialiste Jean-Christophe Cambadélis entérine la nouvelle donne continentale dans *Libération :* « Les interventions de la chancelière, du pape François et de David Cameron ont permis à l'exécutif de se lancer dans un autre climat ». Le jour est arrivé où un gouvernement socialiste français doit attendre les prises de position de la CDU, des conservateurs britanniques et du Vatican pour se prononcer (à demi-mots) en faveur de l'accueil (parcimonieux) de réfugiés fuyant la guerre et l'oppression. Les journalistes Lilian Alemagna et Rachid Laïreche sont interloqués : « Merkel est l'avant-garde ? » Cambadélis confirme. Jaurès est mort, enterré, oublié. La photo de Sartre, Aron et Glucksmann venus plaider à l'Élysée la cause des boat people de mer de Chine en 1979 est jaunie par l'usure : elle ressemble à ces vieux clichés surannés de nos arrière-grands-parents avant la Guerre de 1914-1918. Des centaines de milliers de naufragés vietnamiens furent sauvés, mais la bataille culturelle et politique fut perdue.

Une page se tourne. Les discours de Merkel ne sont pas même repris par les leaders de la gauche dite « radicale ». Jean-Luc Mélenchon répond « non » sans ciller, avec toute la virilité qui sied à nos leaders politiques, lorsque David Pujadas lui demande «Vous président, auriez-vous fait comme Merkel ? Auriez-vous ouvert les frontières pour accueillir les réfugiés ? » « Non », il n'aurait pas « ouvert les fron-tières ». « Non », personne ne l'aurait fait. « Non », il ne faut pas être un « Bisounours ». « Non », donc, aux réfugiés et à Merkel. Pour « coller à l'opinion ». Tout soupçon de « droit-de-l'hommisme » est devenu rédhibitoire au « pays des droits de l'homme ». Seuls un facteur trostkyste et un écolo binational osent utiliser en France les mots d'une chancelière conser-vatrice. Comment expliquer une telle inversion des rôles en Europe et des rapports de forces idéologiques en France ?

Si Rome ne s'est pas faite en un jour, la France universaliste ne s'est pas non plus effondrée en quelques heures à la fin du mois d'août 2015. Depuis des années, « droit-de-l'hommiste » est utilisé chez nous comme une insulte, un synonyme d'« idéaliste hors-sol » dans le meilleur des cas, de « crétin des Alpes » le plus souvent. Le « droit-de-l'hommiste » est un punching-ball multifonction. Il a les mains propres car il refuse d'en avoir, choisit les délinquants contre les victimes, préfère les Tchétchènes aux Français et les Papous aux Picards, empêche l'État de lutter efficacement contre le terrorisme, favorise l'immigration clandestine... Les sauvageons rois des quartiers ? C'est de sa faute ! Les fichés S en liberté ? *Idem* ! *La Marseillaise* sifflée à Saint-Denis ? Itou ! Les profs insultés par leurs élèves et les enfants désobéissant à leurs parents ? Encore lui ! Les voitures brûlées à la Saint-Sylvestre ? Toujours lui ! Tout est de sa faute.

En pensant au monde et à ses principes plus qu'à son pays, en aimant l'homme en général plus que son voisin de palier, le « droit-de-l'hommiste », figure contemporaine de « l'anti-France » érode le sentiment d'appartenance à la communauté nationale.

Embrassant du regard l'humanité tout entière, il favorise l'avènement de cette société individualiste globalisée fossoyeuse de « l'âme française ». Pareils lieux communs – ignorant superbement la ferveur patriotique allemande qui s'affirme et se génère dans le soutien aux réfugiés – reprennent les vieilles critiques de l'abstraction universaliste portées par de Maistre et les contre-révolutionnaires de la fin du XVIIIe siècle. Les erreurs réelles – du désastre irakien au chaos libyen en passant par les nombreuses déclarations angéliques face à la progression de l'islamisme en France – de tel ou tel défenseur des droits de l'homme servent de prétextes à une remise en cause des droits de l'homme comme pierre angulaire de notre identité républicaine. Les années 2010 voient triompher les grilles de lecture perdantes des années 1790...

Nous sommes le 26 août 1789, à Versailles. La toute jeune Assemblée nationale adopte la « Déclaration des droits de l'homme et du citoyen ». Depuis un mois, les députés discutent de l'opportunité d'un préambule à la Constitution dont ils veulent doter le royaume affirmant la liberté et l'égalité de *tous* les hommes. Les débats sont virulents. Des « monarchiens », centristes attachés à une réforme progressive et ordonnée de l'État absolutiste, rejettent les « visées métaphysiques » du projet : proclamer les droits humains à brûle-pourpoint, sans considération pour les réalités sociales existantes, en méprisant les us et coutumes des nations, mènera à l'anarchie. Ils s'inquiètent des réactions des souverains européens : s'adresser directement à leurs sujets risque de les pousser à la guerre. Ils doutent enfin, ou font mine de douter, de l'utilité d'un tel texte : chaque être humain ayant spontanément conscience de ses droits naturels, à quoi bon provoquer un tremblement de terre en les proclamant à la face du monde ?

Le comte de Castellane, député de la noblesse du Perche, l'un des premiers aristocrates à avoir rejoint au début de l'été les revendications égalitaires du tiers état, s'avance à la tribune. Il prend un ton solennel : « Messieurs, daignez jeter les yeux sur la surface du globe terrestre et vous frémirez avec moi, sans doute, en considérant le petit nombre des nations qui ont conservé, je ne dis pas la totalité de leurs droits, mais quelques idées, quelques restes de leur liberté ; et sans être obligé de citer l'Asie entière, ni les malheureux Africains qui trouvent dans les îles un esclavage plus dur encore que celui qu'ils éprouvaient dans leur patrie ; sans, dis-je, sortir de l'Europe, ne voyons-nous pas des peuples entiers qui se croient la propriété de quelques seigneurs ; ne les voyons-nous pas presque tous s'imaginer

117

qu'ils doivent obéissance à des lois faites par des despotes, qui ne s'y soumettent pas (...). Mais c'est de la France que nous devons nous occuper nous dit-on ; et je le demande, messieurs, est-il une nation qui ait plus constamment méconnu les principes d'après lesquels doit être établie toute bonne Constitution ? Nous avons été successivement soumis aux tyrannies les plus avilissantes. À peine sortis de la barbarie, les Français éprouvent le régime féodal, tous les malheurs combinés que produisent l'aristocratie, le despotisme et l'anarchie ; ils sentent enfin leurs malheurs ; ils prêtent aux rois leurs forces pour abattre les tyrans particuliers ; mais des hommes aveuglés par l'ignorance ne font que changer de fers ; au despotisme des seigneurs succède celui des ministres... »

Sa harangue, qui déclenche un tonnerre d'applaudissements, souligne l'ampleur du geste envisagé. Oui, les droits de l'homme n'existent nulle part et leur proclamation implique une abolition de l'espace comme du temps. Oui, il s'agit bien de rompre avec les pratiques communes à toutes les nations européennes (abstraction géographique) et avec l'ensemble de notre passé (abstraction historique). Oui, les opposants à la Déclaration ont donc raison de parler de « visées métaphysiques ». Nier ce qui est au nom de ce qui doit être, faire de ce qui n'existe pas

encore la base de toute loi positive : voilà la définition la plus pure d'une révolution. L'abstraction est
radicale, mais elle est plus que légitime aux yeux de
Castellane et des rédacteurs de la Déclaration, elle
est nécessaire : sans elle, sans la sortie du monde
qu'elle suppose et impose, jamais le monde ne changera. Or le monde *doit* changer, le *statu quo* n'est pas
envisageable. L'homme ne se libérera de ses chaînes
physiques et mentales qu'en les brisant d'un coup de
hache conceptuel.

Ce coup de hache est donné *par* les élus du peuple
français *pour* tous les hommes ce 26 août 1789.
L'Assemblée reprend en préambule de la Déclaration les arguments de Castellane : « Les Représentants du Peuple Français, constitués en Assemblée
nationale, considérant que l'ignorance, l'oubli ou le
mépris des droits de l'Homme sont les seules causes
des malheurs publics et de la corruption des Gouvernements, ont résolu d'exposer, dans une Déclaration
solennelle, les droits naturels, inaliénables et sacrés de
l'Homme... » Une construction théorique (les « droits
naturels ») est érigée en fondement « sacré » de la
société humaine. En ce jour, le monde se met subitement à « marcher sur la tête » (Hegel), c'est-à-dire
à fonctionner selon les règles de la raison, à se bâtir
sur des principes et non plus des habitudes. Une
faille immense s'ouvre dans l'histoire, une faille qui

sera point de départ et l'horizon de toute réflexion politique ultérieure, une faille dans laquelle l'Europe entière va désormais se penser, se regarder, se voir. Le 26 août 1789, le peuple français s'invente dans un geste prométhéen un destin global.

Prométhée a volé la propriété des dieux (le feu) pour la donner aux hommes. Les révolutionnaires français ont conscience d'accomplir un geste similaire, de s'emparer de ce qui jusque-là n'appartenait qu'à Dieu (l'absolu, l'universel) et de l'offrir aux hommes. Ils comparent aussitôt leur « Déclaration » aux grandes prophéties religieuses. La Révolution est une révélation, l'un de ces moments mystiques où l'absolu descend sur terre, bouleversant – sans retour en arrière possible – l'ordre des choses. Sur le tableau de Jean-Jacques-François Le Barbier qui illustre et propage la Déclaration à travers la France et l'Europe, les deux registres sur lesquels figurent ses 17 articles évoquent les tables de la Loi rapportées par Moïse du mont Sinaï. Le message est limpide : Dieu a écrit dix commandements, la Raison en a produit 17, tout aussi sacrés. Les deux registres sont entourés d'allégories représentant la France et la Renommée, d'un serpent se mordant la queue, symbole de l'éternité à laquelle la nation accède ce 26 août 1789, d'une guirlande de laurier évoquant la gloire et de chaînes brisées rappelant la victoire sur le despotisme.

La nouvelle de la Déclaration ébranle immédiatement l'Europe, mais il faut attendre quelques semaines pour que le roi de France endosse le texte et lui donne force de loi.

Nous sommes le 5 octobre 1789 à Versailles, la nuit tombe. Le peuple de Paris a envahi le château. Le président de l'Assemblée, Mounier, attend dans l'antichambre que Louis XVI signe la Déclaration. Celui-ci refuse de le recevoir. Puis, à dix heures du soir, effrayé par la foule armée de piques qui campe sous ses fenêtres, il cède : « Vingt fois, écrit Mounier, j'avais fait prévenir que j'allais me retirer si l'on ne me donnait pas l'acceptation. Enfin, après cinq heures d'attente, je fus appelé près du roi ; il prononça l'acceptation pure et simple. Je le suppliai de me la donner par écrit : il l'écrivit et la remit dans mes mains. Il avait entendu des coups de feu. » Louis XVI comprend ce qu'il signe – l'arrêt de mort de la monarchie comme de la société qui l'a produite, l'acte de décès de l'Ancien Monde – mais il n'a plus le choix : « il a entendu des coups de feu ». La France devient officiellement, légalement, ce 5 octobre 1789 la « patrie des droits de l'homme ».

121

Balayé chez nous, cet Ancien Monde se coalise à nos frontières. L'article premier – « Les hommes naissent libres et égaux en droits » – rend caduque toute lecture franco-française de la Révolution. Ce qui se joue à Paris va bien au-delà de notre nation, ou – plutôt – tout ce qui se joue à travers notre nation depuis ce 26 août est un enjeu global. L'Europe des rois déclare la guerre non pas à un pays, mais à la Déclaration elle-même. Ce conflit est d'une nature totalement différente des déflagrations qui jusque-là ébranlaient l'Europe. Des idées et non plus simplement des pays se font face, des idées prenant les traits de pays, des pays transformés en idées. La guerre devient idéologique. L'Assemblée nationale le comprend et proclame « la nécessité de porter assistance à tout peuple désirant briser ses chaînes » : le droit d'ingérence est né dans la foulée de la Déclaration, comme sa conséquence logique. Et potentiellement dangereuse.

L'abstraction universaliste du 26 août divise immédiatement le monde en deux. Nous sommes le 1er novembre 1790 lorsque Edmund Burke, député libéral anglais qui s'est opposé à la répression des insurgés américains et que nul ne peut suspecter d'obscurantisme ou d'attachement à la société féodale, publie ses *Reflexions on the Revolution in France*. Le livre se vend à 17 500 exemplaires en un mois, puis à des dizaines de milliers dans l'année qui suit. L'œuvre est aussitôt traduite et diffusée dans toute l'Europe. L'édition française s'écoule à 2 500 exemplaires en dix jours. La première remise en cause argumentée de la « fausse théorie des droits supposés de l'homme » est sans doute la plus intelligente jamais produite. Burke s'y alarme, trois ans avant les crimes du Comité de salut public, des risques de terreur engendrés par l'effacement des coutumes et la négation de toute forme de jurisprudence. Le remplacement de l'idée d'évolution par celle de révolution conduira selon lui l'Europe à « une suite monstrueuse de crimes et d'événements grotesques, saturnales où l'horreur fascinante le dispute à la stupeur incrédule ». *Reflexions on the Revolution in France* marque le début d'une guerre civile intellectuelle interne aux Lumières.

Nous sommes quelques semaines plus tard, le 29 janvier 1791, lorsqu'un autre Anglais, Thomas Paine, pamphlétaire rendu célèbre par son soutien actif à la révolution américaine, répond à Burke dans un livre au retentissement immense : *Rights of Man*. Il s'agit du plus grand best-seller du siècle, écoulé à des centaines de milliers d'exemplaires. Paine y défend l'abstraction française : elle seule permet la rupture que la réalité très concrète des injustices exis-

tantes rend légitime et vitale. Selon lui, les révolutionnaires ne pouvaient passer de la tyrannie vers la
liberté en marchant du pas mesuré que prône Burke,
ils devaient effectuer ce saut dans l'inconnu qui
angoisse jusqu'aux esprits les plus flegmatiques du
temps. Condamné *in abstentia* par la justice anglaise,
Paine se réfugie en France et devient la voix de la
révolution dans le monde anglo-saxon. Les chiffres
de vente inouïs de ces opuscules consacrés à un
événement *a priori* étranger – et en réalité on ne peut
plus familier – montrent la place extraordinaire que
prend la France du 26 août 1789 dans l'imaginaire
continental.

1793 suivant 1789, la Terreur semble devoir discréditer le geste des députés français. Le philosophe
allemand Emmanuel Kant, peu soupçonnable d'exaltation romantique irrationnelle, oppose à l'argument
massue de la guillotine robespierriste la nécessité
du risque révolutionnaire. Rien ne saurait, selon
lui, délégitimer l'acte fondateur d'un peuple qui se
libère de ses chaînes et, ce faisant, extirpe le monde
entier de sa prison mentale. Pas même la Terreur.
Pour Kant, le rêve d'un despotisme éclairé amenant
graduellement les hommes vers la liberté et l'égalité,
en évitant le chaos français, est une illusion légitimant
le *statu quo* : « on ne saurait mûrir pour la liberté qu'à
la condition préalable d'être placé dans cette liberté »

écrit-il en défense d'une Révolution attaquée de toute part. C'est en décrétant les hommes libres qu'on leur permet d'apprendre, par eux-mêmes, à se conduire en hommes libres.

La philosophie politique devient, pendant près de deux siècles, une longue discussion, dans tous les pays et dans toutes les langues, sur la France. Pas la France « fille aînée de l'Église » ou la France géographique, démographique, économique. Non : la France « patrie des droits de l'homme ». Si les conservateurs et les nationalistes entendent effacer le 26 août 1789 des tablettes, les insurgés polonais, hongrois, autrichiens, allemands, grecs ou tchèques de 1830 ou 1848 s'en réclament. Notre pays est l'objet d'une conversation globale et « Paris est la ville pivot sur laquelle, un jour donné, l'histoire humaine a tourné » (Victor Hugo). L'économie, la science, la puissance militaire comptent indéniablement. Mais c'est la Déclaration qui fit rayonner la France bien au-delà de son poids « réel » ou de sa taille « véritable », la nimbant d'une lumière capable d'éclairer une juive du ghetto de Wilno, la mère de Romain Gary, aussi bien qu'un Beauceron ou un Breton.

On objectera que Clovis et Jeanne d'Arc sont des figures plus importantes de notre Histoire que ce comte de Castellane dont nous avons oublié le nom. C'est vrai. Mais chaque peuple a des rois fondateurs et des héros guerriers, des modèles de courage et de vertu à imiter et vénérer. Le 26 août, lui, est (quasiment) unique. Une date, un geste spécifiquement *français*. Ce jour est d'une tout autre nature que celui du baptême du souverain des Francs ou celui de la prise d'Orléans par la Pucelle. Il transfigure l'ensemble de notre patrimoine. Clovis et Jeanne font rêver le jeune Romain Gary au fin fond de la Pologne parce que la France a pris le risque d'un langage universel à un moment de son existence et a ainsi rendu toutes les figures de son histoire polyglottes.

Il reste cependant indéniable que la France n'est pas née le 26 août 1789. Et, si elle réinvente notre passé, la Déclaration des droits en est aussi le produit. La mystique révolutionnaire et l'effroi contre-révolutionnaire omettent d'inscrire le 26 août dans notre histoire. Pareille rupture était en gestation depuis des siècles. L'appel universel lancé par les députés français présuppose l'indéfinition identitaire originelle de Renart : n'étant pas assignable à résidence identitaire fixe, notre nation peut s'adresser au monde dans sa globalité ; n'étant rien, elle peut être tout. Le coup de hache conceptuel de 1789 reproduit celui de Michel de l'Hospital libérant le politique des chaînes théologiques qui l'enserraient et remplaçant les commandements divins par les normes de la raison civile. L'universalisme révolutionnaire de

126

l'article 1 de la Déclaration – « les hommes » – prend racine dans la philosophie du XVIᵉ siècle, lorsque l'homme remplace Dieu au centre de l'univers. Non pas l'homme d'ici ou d'ailleurs, mais l'homme d'ici *et* d'ailleurs.

Nous sommes « le premier de Mars mille cinq cens quatre vins ». Lorsque Michel Eyquem de Montaigne signe l'introduction de ses *Essais*, les structures théologiques et géographiques de l'antique cosmos sont en ruines, les guerres de Religion ont rendu les dieux inaudibles, la science galiléenne comme la découverte de l'Amérique décentrent le monde : tout ce qui plaçait l'Européen chrétien au cœur de la Création sonne désormais faux. Montaigne est le premier penseur à prendre la mesure de tels bouleversements. Le « même » – ce en quoi nous avons cru pendant des siècles sans le questionner – n'étant plus certain, le sage part à la rencontre de l'autre, s'adonne au nomadisme, conçoit la philosophie comme un voyage : « Le monde n'est qu'une branloire pérenne. Toute chose y branle sans cesse ; la terre, les rochers du Caucase, les Pyramides d'Egypte, et du branle public et du leur. La constance même n'est autre chose qu'un branle plus languissant. Je ne puis assurer mon objet. Il va trouble et chancelant, d'une ivresse naturelle. Je le prends en ce point, comme il

127

est, en l'instant que je m'amuse à lui. Je peinds pas l'être. Je peinds le passage. »

Ce long voyage de la conscience déracinée, libérée de ses préjugés, conduit à découvrir dans l'autre le plus absolu un autre soi-même, un alter-ego et un alter-égal. Dans le chapitre XXX du livre I, Montaigne s'arrête sur les Indiens d'Amérique, leurs pratiques et leurs coutumes, y compris le cannibalisme qui effraie tant les Européens. Il décrit leurs rites étranges, puis opère une brutale conversion du regard vers nos sociétés : « Nous les pouvons donc bien appeler barbares, eu égard aux règles de la raison, mais non pas eu égard à nous, qui les surpassons en toute sorte de barbarie. »

Ne se contentant pas d'anticiper de plusieurs siècles la grande tradition française de l'anthropologie en analysant sans *a priori* les logiques sous-tendant les pratiques sociales, politiques, guerrières des Amérindiens, Montaigne adopte le point de vue des « cannibales ». Dans une inversion spectaculaire des rôles – les Européens qui visitent les Indiens ramenés à Rouen pensent aller au zoo – il met en scène la stupéfaction des « sauvages » face à nos propres comportements.

L'autre, sous la plume de Montaigne, questionne le même : « Trois d'entre eux vinrent à Rouen, du temps que feu le roi Charles IX y était : le roi leur parla longtemps, on leur fit voir nos habitudes, notre pompe, la beauté de la ville : après cela, quelqu'un leur demanda leur avis et voulut savoir ce qu'ils avaient trouvé de plus admirable (...). Ils dirent qu'en premier lieu ils trouvaient fort étrange que tant de grands hommes barbus, forts et armés, qui entouraient le roi, se soumissent à obéir à un enfant. Secondement (ils ont cette habitude de nommer les hommes, moitié les uns des autres) qu'ils avaient aperçu parmi nous des hommes riches et gavés de biens alors que leurs moitiés mendiaient à leurs portes, décharnés de faim et de pauvreté ; et trouvaient étrange comment ces moitiés si nécessiteuses pouvaient accepter une telle injustice sans prendre les autres à la gorge ou mettre le feu à leurs maisons. »

L'argument massue de tous les conservatismes – « il en a toujours été ainsi » – vole en éclats au contact de la figure du « cannibale », cette merveilleuse ruse de la raison. Une fois déchiré le voile de « traditions » que nos esprits frileux figent en nécessités éternelles, notre société apparaît pour ce qu'elle est aux yeux de la conscience libre : servile, inégalitaire, absurde. C'est par le truchement paradoxal du « sauvage » que notre raison s'érige en juge de tout ce qui est et de tout ce qui fut. Pareil décentrement permet l'étonnement radical face à l'état du monde, la capacité à se voir soi-même comme un autre et à voir l'autre comme un alter ego : « En soi-même, ce sont encore deux » écrit Montaigne. Méthodiquement arrachée à la terre ferme de nos croyances ethnocentriques, notre conscience peut embrasser l'horizon humain. L'humilité du penseur ouvert à l'altérité, découvrant en l'autre un autre soi-même, est le premier pas vers l'audace de l'universalisme.

Le décentrement opéré par Montaigne, en obligeant nos consciences à s'émanciper des traditions, des habitudes, des coutumes, est la condition *sine qua non* d'un discours sur l'homme et ses droits. Il lance la grande aventure humaniste française qui aboutit à la Déclaration du 26 août, conclusion logique de l'observation figurant au cœur des *Essais*, véritable maxime d'un XVIe siècle qui a engendré la France moderne : « Au plus élevé trône du monde, nous ne sommes assis que sur notre cul ». La sacralité politique n'est plus du côté du gouvernement, mais des gouvernés, des États, mais des citoyens, des lois positives, mais des droits naturels.

À l'époque des Lumières, l'humanisme de Montaigne se transforme en idéologie des droits de l'homme. Oui, n'ayons pas peur du mot : une vision du monde fondée sur des principes abstraits et visant à transformer le réel est bel et bien une idéologie. Le XVIIIe siècle commence par pousser à bout le décen-

trement des *Essais* : *Les Lettres persanes* de Montesquieu ou *L'Ingénu* de Voltaire reprennent cette figure
de l'autre radical érigée en juge de nos pratiques. Le
Persan et le Huron s'inscrivent dans la continuité
des « Cannibales » de Montaigne et parachèvent
l'émancipation des consciences françaises vis-à-vis
de l'ordre des choses existant. Puis, cette raison juge
de toute chose proclame son droit le plus absolu à
condamner le réel si ce dernier s'oppose à ses normes
et ses impératifs. « L'homme est né libre, et partout
il est dans les fers » : la phrase de Rousseau intro-
duisant *Du Contrat Social* résume ce basculement
philosophique fondamental, et alors singulièrement
français, qui fait des droits naturels de l'homme – une
construction théorique : « l'homme est né libre »
relève de l'abstraction pure – le point de départ et
l'horizon de la pensée.

La raison affirme que l'homme est naturellement libre (postulat) alors même qu'il est prison-
nier « partout » (constat). Et, face au dilemme entre
le réel (« partout il est dans les fers ») et le virtuel
(« l'homme est né libre »), l'homme des Lumières
choisit le virtuel. Ce choix le définit. À ses yeux, une
vue de l'esprit l'emporte sur tout le reste. Voilà le
geste philosophique qui, en se vulgarisant et en infu-
sant les masses, engendre la Révolution et le 26 août
1789.

Produit de siècles de fermentation de l'identité française, l'idéologie des droits de l'homme n'est en rien l'affaire d'intellectuels perchés dans le ciel des idées. Elle s'impose comme une idéologie nationale, transcendant les clivages sociaux, religieux ou régionaux.

Nous sommes le 13 juillet 1833, le ministre de l'Intérieur de la monarchie de Juillet signe à la demande expresse du tsar Nicolas Ier l'arrêté d'expulsion de l'historien et politique polonais Joachim Lelewel, réfugié en France depuis l'insurrection varsovienne de 1830. La révolution polonaise eut chez nous un écho immense et le refus de la monarchie de Juillet de condamner son écrasement par la Russie précipita la rupture des progressistes avec Louis-Philippe quelques mois seulement après son accession au trône. La décision d'expulser Joachim Lelewel est perçue par ceux que l'on appelle alors les « patriotes » comme une trahison absolue de l'héritage de 1789.

Arrêté à Tours, l'indésirable est escorté par la police vers la frontière belge. Pendant plus d'un mois le peuple du Nord, des travailleurs des filatures aux bourgeois, se mobilise pour empêcher son expulsion. Chaque étape du convoi déclenche un tel mouvement de solidarité que les autorités doivent concéder de nombreuses et longues haltes : dix jours à Abbeville, quatre jours à Amiens, douze jours à Arras. Des comités polonais se montent dans chacune des villes traversées. L'expulsion d'un seul homme, jusque-là totalement inconnu dans la région, se transforme en immense casse-tête pour l'État. Le sous-préfet s'inquiète : « La monarchie ne va toute de même pas s'effondrer pour un seul être et le bon plaisir d'un souverain étranger ».

À travers le sort d'un réfugié polonais se joue la fidélité ou non de la France au 26 août et à elle-même. Lorsque Lelewel est finalement amené à la frontière belge, *Le Libéral,* journal de Douai, publie en une un article au vitriol : « Il quittait cette France dont le nom seul, naguère, l'avait rempli d'un saint enthousiasme de liberté, d'un grand espoir de déli-vrance et lui avait fait prendre les armes contre de farouches oppresseurs : il la quittait, chassé par la barbarie russe du gouvernement français ! ». En 1833, le soutien aux étrangers menacés d'expulsion n'est pas qu'une affaire de « bobos »…

Tout au long du XIXe siècle, la Pologne en lutte contre les impérialismes allemand et russe est l'éten-dard de la France jurant fidélité aux idéaux de 1789. Les conservateurs tremblent à la seule évocation de Varsovie. Des gouvernements tombent sur la « question polonaise », l'autre nom de l'attachement de la gauche à la vocation universelle de la France.

Nous sommes désormais le 15 mai 1848. Plus de 100 000 Parisiens défilent derrière Louis Huber, Armand Barbès, Auguste Blanqui, François Vincent Raspail pour réclamer une intervention militaire en faveur de la nouvelle insurrection polonaise. Le cortège part de la place de la Bastille et se dirige vers la place de la Concorde. On y voit de nombreuses délégations étrangères et on y compte pas moins de 14 000 ouvriers des ateliers nationaux. Vers 13 h, les manifestants envahissent le Palais-Bourbon. Dans le tumulte, Raspail lit une pétition exigeant l'envoi immédiat de volontaires français à Poznan et Varsovie. Comme la Monarchie de Juillet, la Deuxième République connaît sa première crise politique sur la Pologne, une rupture radicale avec son aile gauche dont elle ne se relèvera pas. Dans quel autre pays au monde l'écrasement d'un peuple à des milliers de kilomètres peut conduire à une insurrection populaire et à des crises de régime ? Les 14 000 ouvriers des ateliers défilant ce 15 mai 1848 sont patriotes et universalistes, universalistes parce que patriotes et réciproquement. Difficile de les discréditer comme appartenant à une élite mondialiste déconnectée...

Pour comprendre pareille spécificité française, il faut appréhender la profondeur de l'identification de notre peuple avec le geste du 26 août. Le lien entre

« grandeur de la France et liberté du monde » n'est pas l'invention d'un général romantique nommé Charles de Gaulle. Le « nous sommes tous des juifs allemands » de 1968 n'est pas le produit de l'imagination fertile de Daniel Cohn-Bendit et de sa bande d'anars déjantés. Le « nous sommes l'autre », la capacité à faire sienne l'humanité dans son ensemble sont profondément ancrés dans notre histoire.

Pourtant, en 2016, l'idéologie des droits de l'homme apparaît en pleine décrépitude. De source de puissance, elle est devenue synonyme d'impuissance dans l'esprit de la plupart de nos concitoyens. Elle nous rendrait vulnérables face au terrorisme en bridant les capacités de réaction de nos forces de l'ordre. Elle nous empêcherait de comprendre les nouvelles dynamiques géopolitiques à l'œuvre dans le monde. Après *Charlie Hebdo*, l'HyperCacher, le Bataclan, Magnanville ou Nice, l'« État de droit » ne serait plus qu'une « argutie juridique ». Lorsque les fanatiques islamistes égorgent un prêtre à Saint-Étienne-du-Rouvray ou massacrent les chrétiens d'Orient, le temps serait venu de délaisser l'universalisme et de conformer notre logiciel mental aux réalités produites par trois décennies de poussée du fondamentalisme musulman.

Pareil raisonnement n'est pas sans efficacité ni séduction. Bon an mal an, sans qu'on l'admette toujours, les analyses de Samuel Huntington sur le « choc des civilisations » comme axe structurant du XXIe siècle s'imposent de plus en plus. Or, c'est précisément le but recherché par les djihadistes : transformer leurs massacres théologico-politiques en guerre de religions, en opposition de blocs culturels univoques, Occident contre Orient, judéo-christianisme contre islam, Nord contre Sud. La première règle dans tout affrontement est de ne pas épouser les grilles de lecture de l'ennemi. En quoi oublier que les sociétés musulmanes sont traversées plus qu'aucune autre par le conflit global en cours (et, ce-faisant, admettre la prétention abusive de l'adversaire à représenter l'ouma) serait-il « réaliste » ?

Des fanatiques ont déclenché une guerre, sur notre sol et partout ailleurs, contre l'État de droit, les valeurs humanistes, la tolérance. Faut-il, pour gagner cette guerre, saborder soi-même l'État de droit, les valeurs humanistes et la tolérance ? Ne faut-il pas au contraire les défendre, soutenir davantage nos alliés dans le « monde musulman » et cesser nos compromissions avec les sponsors de l'idéologie fondamentaliste qui alimente le terrorisme, bref être cohérent avec ce que nous prétendons être plutôt que cesser d'être ce que nous sommes ? Nous oscillons aujourd'hui entre l'aphasie de ceux qui n'osent pas nommer la doctrine théologico-politique qui anime les terroristes – le fondamentalisme islamiste – et la lecture civilisationnelle de ceux qui identifient islam et islamisme, offrant à l'ennemi une légitimité dont il est en lui-même dépourvu. L'urgence est de revenir à des grilles de lecture politiques, de nommer l'idéologie que l'on combat et celle pour laquelle on combat. Or, voilà précisément ce dont nous sommes incapables.

Les attentats de 2015 et 2016 frappent en effet une société qui doute *déjà* des principes qui forgèrent son identité pendant des siècles. D'où leur capacité de déflagration mentale, politique, *identitaire* décuplée. Nous avions *déjà* perdu notre foi dans les droits de l'homme lorsque Kouachi, Coulibaly et les suivants sont passés à l'acte. Nous avions, en réalité, *déjà* abandonné l'idée même de foi politique. Dans la fameuse alternative établie par Max Weber et anônnée *ad nauseam* dans nos grandes écoles et nos universités, on nous a appris à préférer « l'éthique de responsabilité » – qui conforme les concepts et les préceptes à un « réel » donné – à « l'éthique de conviction » – qui entend transformer ce réel au nom de concepts et de préceptes.

Or l'idéologie des droits de l'homme exige l'éthique de conviction. Le 26 août 1789 furent proclamés des droits abstraits, jamais complètement réalisés, jamais définitivement acquis, des droits destinés à changer le monde. À condition qu'on les porte, qu'on ait une forme de foi dans ce qui relève de l'idée et non du fait. Voilà précisément ce dont nos classes dirigeantes se révèlent incapables. Elles s'alignent constamment sur les thèses de Burke, sans les avoir nécessairement lues. Elles passent tellement de temps à « prendre en compte le réel » qu'elles oublient de le transformer. Le résultat d'une telle prudence est éloquent : nous n'avons plus ni idéal commun, ni mission collective. Nous en sommes réduits, lorsque l'Histoire frappe à notre porte sous la forme d'attentats sanglants, à la seule compassion, cet autre nom de la tétanie. La répétition des « Je suis Nice » ou « Je suis prêtre », des fleurs et des larmes, révèle le remplacement de « l'éthique de conviction » par une « morale de l'émotion ». Si la première appelle l'action, la seconde s'y substitue. Pétris d'émotion plus que de conviction, les discours sur nos principes universels dégagent aujourd'hui une impression d'impuissance.

Les pourfendeurs du « droit-de-l'hommisme » n'ont donc pas tort lorsqu'ils attaquent ce que nos élites ont fait du 26 août 1789. Aussi choquant que cela puisse paraître, Michel Onfray vise juste lorsqu'il regrette que notre société ait érigé l'iPhone en valeur cardinale et constate qu'elle se retrouve dépourvue face à la capacité de séduction des appels au sacré et au dépassement de soi des djihadistes. Mais « l'idéologie des droits de l'homme » n'est pas responsable de cette désacralisation de la sphère publique, de la « chose commune ». Elle se fondait sur un transfert de sacralité de l'État vers les citoyens, des institutions vers les femmes et les hommes qu'elles sont censées servir. Pas sur une abolition du sacré en politique.

Que s'est-il passé ? Comment le droit-de-l'hommisme s'est-il vidé de sa substance civique ? Comment est-il devenu impuissant ? Les références obligées aux « droits de l'homme » ont progressivement abandonné le « et du citoyen » qui ponctue la Déclaration de 1789 : l'appel révolutionnaire à l'homme dans toutes ses dimensions, publiques et privées, irréductibles les unes aux autres, se limita peu à peu à une défense de l'individu posé comme entité privée, amputé de son pendant public (le citoyen). La morale a pris le pas sur la politique. Et les « droit de l'hommistes » ont perdu l'ambition civique, républicaine, politique présidant à la Déclaration originelle. Le geste le plus puissant de notre histoire fut ainsi réduit à une morale de l'impuissance. L'idéologie des droits de l'homme n'est pas le problème, mais la dilution de toute idéologie dans un rapport consumériste au monde et aux idées.

Réduire l'homme à un consommateur heurte l'attachement viscéral des Français à leur part « citoyenne » qui les pose comme faisant d'emblée partie d'un tout (la France, la république) s'imposant à eux comme une nécessité et non comme un choix. Pareille amputation de notre dimension publique est la raison principale de notre déprime : rabaissé à l'état *d'homo economicus*, le Français erre, malhabile et perdu, sur le pont d'un bateau tel l'albatros de Baudelaire. Ses ailes rognées ne lui permettent plus de s'envoler, il devient neurasthénique, suicidaire.

Être invité à acheter des Nike ou à s'émouvoir à chaque attentat de la même manière, sans rupture symbolique entre ce qui relève de la consommation individuelle et de la sphère publique n'a rien à voir avec une existence civique. Vouloir abolir la société de consommation relève du délire. Essayer de restaurer ses limites, de restituer une forme de sacralité à la chose commune est un impératif. Et c'est précisément ce que la Déclaration des droits de l'homme et du citoyen permet et exige. Face au marché qui atomise la société, nous avons en partage des principes sacrés, fondements de notre existence collective et guides de notre action publique.

Dans l'état de guerre généré par le terrorisme, la resacralisation du politique – qui semblait fortuite en temps de paix – apparaît soudainement comme une urgence absolue. La société peut fonctionner cahin caha sans idéal commun en période de calme. Mais, lorsque la tempête arrive, lorsque le virus de la peur et de la haine s'introduit dans le corps social, l'impératif de resacralisation devient vital. Cet impératif peut nous conduire dans deux voix opposées : nous avons le choix de maintenir ou d'invalider le transfert de sacralité effectué le 26 août 1789. Nous pouvons revenir à la sacralisation de l'État et des frontières nationales ou nous pouvons retrouver la force originelle de la Déclaration.

Face aux innombrables reniements et renoncements des élites prétendument universalistes, rien ne nous interdit de considérer que nous n'avons plus à nous adresser à tous les hommes, que nous avons le droit, à l'instar de tant d'autres peuples, de nous préoccuper de nous-mêmes et de nos problèmes avant de songer aux autres et à leurs misères. Nous pouvons entonner « Les Français d'abord ! » comme les électeurs de Trump crient « *America First…!* », ce slogan isolationniste des années 1930 longtemps banni de la sphère publique et subitement revenu à la mode en 2016 à l'occasion de la campagne anti-*establishment* et anti-universaliste d'un milliardaire pourtant ultramondialisé, adepte de l'évasion fiscale et gagnant de l'argent aux quatre coins de la planète.

Les deux nations occidentales qui ont proclamé pendant deux siècles parler à l'humanité dans son ensemble sont aujourd'hui tentées par le repli sur soi. Des Français et Américains de plus en plus nombreux sont las de leurs propres légendes, fatigués des mythes sur lesquels ils ont fondé leur rayonnement et que leurs dirigeants politiques et économiques ont largement dévoyés. En exaltant les frontières (le mur que Trump veut ériger entre les États-Unis et le Mexique), en relégitimant l'égoïsme national sous couvert de grandeur (*Make America Great Again)* et de souveraineté perdues et à retrouver, ils aspirent en réalité à une banale forme de normalité et de repos.

Renoncer à l'universalisme est possible. Encore faut-il savoir à quelle part de nous-mêmes nous renonçons en y renonçant. Contrairement à ce que prétendent les apôtres actuels du national-souverainisme, abandonner l'idéologie des droits de l'homme signifie infiniment plus que nous débarrasser de Kouchner et Cohn-Bendit. En l'abjurant, nous abjurons la part de nous-mêmes et de notre histoire qui fit rayonner la France pendant des siècles. Alors que le monde est devenu une arène idéologique, politique, économique globale, opter pour le repli serait pour le moins paradoxal. C'est pourtant ce vers quoi nous nous acheminons. Le récit français du XXIe siècle s'écrit en ce moment. À nous de décider s'il s'inscrit ou non dans la continuité du 26 août 1789.

Notre France est révolutionnaire

Nous sommes le 26 avril 2014, au palais Chigi de Rome. Fraîchement nommé Premier ministre, Manuel Valls rencontre le président du Conseil Matteo Renzi. Le soir, ils poursuivent leur discussion autour d'un dîner. Ils appartiennent en gros à la même génération, vouent un culte identique au volontarisme politique, ont en commun d'être populaires dans l'opinion (à l'époque) et mal vus par les hiérarques de leur parti. Ils aiment se présenter en pourfendeurs des « conservatismes » et entendent « convertir définitivement la gauche à l'économie de marché ».

Renzi vient de faire voter ses réformes et caracole en tête des sondages. Inversant l'ordre habituel des condescendances, l'Italien prodigue donc au Français ses conseils. Selon l'un de ses conseillers, il suggère à Valls de prendre de front les grands corps de l'État avant de heurter les syndicats : « Pour que les réformes soient acceptées par l'opinion, il faut commencer par s'attaquer aux élites, aux privilèges des hauts fonctionnaires et des élus, réduire ostensiblement leur train de vie. Pour que le peuple accepte les remèdes qu'on lui propose. Pour que les gens perçoivent une forme d'équité dans les changements. Pour satisfaire enfin les passions révolutionnaires et égalitaires de nos concitoyens. » Manuel Valls repart à Paris le lendemain, ne touche pas aux privilèges des grands corps de l'État et ne reproduit aucune des diatribes que Renzi a multipliées contre les élites italiennes. Il a droit aux grandes grèves que son homologue transalpin a repoussées. La loi El Khomri, pourtant moins radicale que le « Jobs Act » romain, scinde la gauche et bloque le pays.

Par-delà le débat sur le contenu de ces politiques, l'incapacité de notre gouvernement à inscrire ses mesures dans un horizon d'équité est frappante. Un Premier ministre socialiste français se révèle moins sensible aux aspirations égalitaires de ses concitoyens qu'un président du Conseil italien, pourtant encore plus ouvertement social-libéral que lui. Que s'est-il passé au pays des révolutions incessantes ? Qu'est-il arrivé à la gauche française ?

Le Parti socialiste a abandonné depuis longtemps le thème de la lutte contre les privilèges. La transforma-

tion de la société et le bouleversement de ses hiérarchies ne sont plus d'actualité rue de Solférino. En
1981, avec son « Changer la vie », Jacques Séguéla a
fait du réel moteur de notre histoire un slogan publi-
citaire. Comme le « cosmopolitisme », les « droits de
l'homme » ou le « vivre ensemble », l'égalité a été vidée
de sa substance pour devenir un lieu commun qu'on
ressort sans trop y croire tous les cinq ans, en période
électorale. Et il est normal en 2016 pour un ministre
de gauche de qualifier de « populiste » ou de « déma-
gogique » la critique des élites en place. Pourtant, les
privilèges – des inégalités qui se figent au point de
menacer l'équilibre social – existent bel et bien. Et la
volonté de les abolir fut l'origine même de ce qu'il est
convenu d'appeler « la gauche »...

Nous sommes le 4 août 1789 à vingt heures. Les
états généraux se sont transformés en Assemblée
nationale permanente depuis quelques semaines.
Les députés débattent ce soir-là de l'égalité des
sujets devant la loi et l'impôt. Des représentants de
la noblesse défendent bec et ongles leurs « impres-
criptibles » privilèges : la France est divisée en ordres
depuis la nuit des temps et il en sera toujours ainsi, les
droits féodaux sont les garants de la stabilité sociale.
L'affrontement classique entre plébéiens et patriciens
semble pouvoir se poursuivre *ad vitam aeternam.*

Soudain, le jeune duc d'Aiguillon se lève, prend la parole et rompt le consensus semblant régner au sein de sa classe. Il propose le rachat des droits seigneuriaux par les paysans « à des conditions modérées ». Grisé par les applaudissements, il s'insurge contre la tyrannie « antinationale » de la société féodale. Une brèche est ouverte dans laquelle s'engouffrent les aristocrates éclairés sous les vivats des représentants du tiers état.

Le vicomte de Noailles prône l'abolition des servitudes et corvées. L'Assemblée se lève comme un seul homme. « Qui de nous ne ferait un bûcher expiatoire de ces infâmes parchemins ? » s'exclame un gentilhomme breton. Puis un autre demande une justice égale pour tous, sans distinction d'ordre. L'évêque de Chartres exige l'abandon des droits de chasse de la noblesse. Les députés sont extatiques. Le duc du Châtelet lui répond en souriant : « L'évêque nous ôte la chasse ; je vais lui ôter ses dîmes. » Et ainsi de suite. La surenchère dure près de six heures. Vers deux heures du matin, le jeune Montmorency exige que tous les vœux à peine formulés soient inscrits dans la loi : l'aristocratie et le clergé viennent de mettre fin à la société des ordres dans l'allégresse générale. « Le monstrueux chêne féodal est abattu d'un coup dans une gaîté égale, avec la vivacité d'un noble joueur qui prend plaisir à jeter l'or » (Michelet).

Les revendications égalitaires dominent alors tellement le débat que les privilégiés sont amenés à saborder eux-mêmes leurs privilèges. Gagner la bataille des idées permet d'imposer sa vision du monde à ses adversaires et de leur faire adopter les mesures qui en découlent. La partie gauche de l'Assemblée le faisait en 1789, elle fait exactement l'inverse en 2016. Évidemment, toute décision politique prend en compte l'état de l'opinion. Mais les sondages d'aujourd'hui sont les résultats des démissions idéologiques et intellectuelles d'hier. Et, en termes de sondage, l'Assemblée de 1789 était issue de la plus grande, la plus profonde enquête d'opinion jamais réalisée sur notre territoire : la rédaction des cahiers de doléances, dans le cadre de la première convocation des états généraux du royaume depuis 1614.

Entre le moment où le roi donna la parole au peuple début janvier 1789 et la mise à mort de la société féodale au cœur de cette fameuse nuit du 4 août, moins de huit mois furent nécessaires pour balayer des siècles de stratification sociale. Une chose simple et sacrée s'est produite entre les deux dates : la nation a parlé. Et de quelle manière ! Des milliers de textes recueillant les récriminations et les aspirations du peuple français. Un monument littéraire, politique, sociologique qui permet de saisir ce qu'est la France mieux que l'ensemble des traités et des lois du royaume. Dans chaque recoin du pays, un mot d'ordre, le plus révolutionnaire de tous, domine : l'égalité. L'égalité, tout de suite.

Les cahiers de doléances jugent toutes les réalités existantes à l'aune de ce principe, devenu l'aiguillon de la conscience nationale. En Provence, une assemblée s'exclame : « De tous les abus qui existent en France, le plus affligeant pour le peuple, le plus désespérant pour les pauvres, c'est la richesse immense, l'oisiveté, les exemptions, le luxe inouï du haut clergé. » À Saint-Maixent, les vitriers écrivent : « Nous déclarons ici, au nom de l'humanité, l'extinction des droits féodaux que l'ignorance des siècles barbares a consacrés à l'orgueil féroce des nobles possesseurs. » À Aix : « La noblesse vide le trésor royal, le tiers état le remplit ; enfin le tiers état paie tout et ne jouit de rien. »

L'égalité est posée comme la condition de possibilité de l'unité nationale : la diversité des droits et des coutumes « rend étrangers les uns aux autres les sujets du même royaume et souvent de la même province » (Cahiers du tiers état d'Amiens). On demande dans des dizaines de villes en même temps la suppression des distinctions de costume entre les députés des trois ordres, le vote par tête, la suppression des privilèges fiscaux, l'admission de tous les citoyens à toutes les fonctions... Les cahiers expriment peu de sentiment religieux ou antireligieux, ils s'intéressent au racket de l'Église, à la corruption et aux biens du clergé infiniment plus qu'à la question de la foi en tant que telle. Ciel et terre sont séparés dans les têtes. Et sur terre, c'est l'égalité des droits, des traitements, des chances qui détermine si une institution doit être conservée ou non, une réalité admise ou pas, une pratique prorogée ou abolie.

Bien entendu, certains textes, en particulier ceux du clergé, expriment l'angoisse face à l'esprit du temps et les bouleversements à venir. À Auch, les curés fustigent les Lumières dans une envolée que ne renieraient pas nos mécontemporains de 2016 : « Un esprit de philosophie et d'impiété a porté les atteintes les plus mortelles à la foi et aux mœurs, et relâché les liens les plus sacrés de la société... Nombre prodigieux d'ouvrages scandaleux, fruits malheureux de l'amour de l'indépendance, enfantés par le libertinage et la crédulité, où l'on attaque avec une égale audace la foi, la pudeur, la raison, le trône et l'autel... » Mais, dans leur écrasante majorité, les textes sont tournés vers l'avenir et jugent le passé à partir des injustices présentes. Si les cahiers de doléances rédigés en vue des états généraux de 1614 évoquaient principalement un âge d'or perdu à restaurer, ceux de 1789 s'attaquent au legs « barbare » des siècles écoulés et esquissent un horizon de progrès.

Dans ces semaines et ces mois d'ébullition sociale se forge le lien indissoluble entre sentiment national et aspiration révolutionnaire. C'est la caractéristique du patriotisme français : se revendiquer moins d'un héritage que d'un bouleversement à venir, moins de la perpétuation de traditions que de leur dépassement. La France résonne en nous comme une promesse d'égalité, de justice, d'inversion des hiérarchies. Le patriotisme allemand, anglais ou espagnol se fonde sur la volonté de conserver un ordre allemand, anglais ou espagnol, alors que c'est dans l'abolition de cet ordre hérité que notre patriotisme revêt sa forme la plus accomplie. Les grandes explosions révolutionnaires qui forgent l'ADN de la gauche française sont aussi des grandes éruptions nationalistes. Et vice-versa.

Nous sommes le 18 mars 1871 à l'aube, sur la butte Montmartre. La Prusse de Bismarck vient de remporter facilement la première des trois grandes guerres franco-allemandes. La France est humiliée, Napoléon III est tombé, la République est proclamée. La droite monarchiste a gagné des élections dites « de la peur » sur un programme pacifiste. Le gouvernement conservateur, qui a négocié l'armistice et autorisé les troupes allemandes à défiler dans une capitale drapée de noir en signe de deuil, entreprend ce 18 mars à sept heures du matin de récupérer les canons de la garde nationale. Le petit peuple parisien s'y oppose. C'est le début de la Commune de Paris.

Des attroupements spontanés ont lieu dans tout le nord-est de la ville. Les « patriotes » refusent de livrer leurs armes. « Ce sont nos canons, nous les avons payés ! Si on nous les arrache, nous brûlerons Paris ! » hurle un officier de la garde nationale au sommet de la butte Montmartre sous les vivats d'une foule de plus en plus dense. Les soldats du 88e régiment d'infanterie fraternisent avec la population et se mutinent. On boit des toasts républicains à la résistance contre l'envahisseur prussien et à l'insurrection contre les riches accapareurs. Ce qui, aux yeux des révoltés de Paris, revient au même. En 1871, patriotisme et révolution sociale apparaissent naturellement comme les deux faces d'une même passion française.

À la tombée de la nuit, les insurgés atteignent les alentours de l'Hôtel de ville après avoir pris la préfecture de police et différentes mairies d'arrondissement. Le chef du gouvernement, Adolphe Thiers, affolé, ordonne le retrait des troupes qui n'ont pas encore rejoint la révolte et le transfert de tous les corps constitués à Versailles. La revanche des «Versaillais » aura lieu quelques semaines plus tard et elle sera terrible. L'épopée de la Commune se terminera dans l'horreur de la Semaine sanglante : 20 000 fusillés, des milliers de déportés. Née du refus de déposer les armes face aux Prussiens, la révolte communarde pousse jusqu'à l'incandescence la fusion de l'idée nationale et de l'aspiration égalitaire qui forme le cœur du récit français.

1830, 1848, 1871 : notre histoire est une série d'insurrections essayant de répliquer 1789. Même lorsque le cadre républicain s'installe durablement, les grands mouvements sociaux français se vivent comme révolutionnaires. Nous sommes le 11 mai 1936, le Front populaire, coalition des partis de gauche allant des radicaux aux communistes, a remporté les législatives quelques jours plus tôt et une grève éclate dans les usines d'aviation du Havre. Elle fait immédiatement tache d'huile. À Toulouse, Courbevoie, Boulogne-Billancourt, les ouvriers débraient et occupent leurs usines. Des secteurs entiers suspendent le travail – chimie, alimentation, textile, ameublement, pétrole, métallurgie –, rejoints par des secteurs peu syndiqués comme les ouvriers agricoles, les coiffeurs, les garçons de café, les vendeurs de journaux. Un mois plus tard, on compte deux millions de grévistes.

Dans les usines occupées, l'ambiance est festive, les travailleurs jouent aux cartes, organisent des bals populaires. La philosophe Simone Weil publie un long article dans *Révolution prolétarienne* le 10 juin 1936 décrivant ces moments d'émancipation individuelle et collective : « Enfin, on respire ! C'est la grève chez les métallos. Le public qui voit tout ça de loin ne comprend guère. Qu'est-ce que c'est ? Un mouvement révolutionnaire ? Mais tout est calme. Un mouvement revendicatif ? Mais pourquoi si profond, si général, si fort, et si soudain ? [...] Il s'agit, après avoir toujours plié, tout subi, tout encaissé en silence pendant des mois et des années, d'oser enfin se redresser. Se tenir debout. Prendre la parole à son tour. Se sentir des hommes, pendant quelques jours. Indépendamment des revendications, cette grève est en elle-même une joie. Une joie pure. Une joie sans mélange. » La « joie » de l'homme qui se tient enfin « debout », du citoyen qui s'élève au-dessus de ses misères et de ses problèmes personnels en prenant part à un mouvement qui le dépasse. La France connaît ce type de mobilisation à chaque changement générationnel : les grèves de 1968 se réfèrent à celles de 1936, celles de 1995 à celles de 1968...

Au cœur de cette identité révolutionnaire française figure l'idée que l'ordre existant n'est qu'une convention, qu'il n'a rien ni de naturel ni d'éternel, qu'on peut donc le renverser ou l'inverser s'il fait obstacle à la liberté, l'égalité, la fraternité des hommes et des citoyens. Cette idée habite déjà les innombrables bouleversements de l'ordre animal dans le *Roman de Renart*. Elle est ensuite au cœur du *Discours de la servitude volontaire* d'Étienne de la Boétie. Nous sommes au milieu de ce xvie siècle si tumultueux et si crucial dans la fabrication de notre personnalité collective. Le meilleur ami de Montaigne opère une révolution héliocentrique dans la philosophie politique : délaissant l'étude de la figure du prince, il s'attache à celle du sujet. Selon lui, toute autorité découle du regard que le soumis porte sur celui qui le soumet. L'objet de la réflexion et de l'étonnement ne doit donc plus être le maître, mais l'esclave. Car l'esclave est *in fine* la source du pouvoir : « Ce maître n'a pourtant que deux yeux, deux mains, un corps, et rien de plus que n'a le dernier des habitants du nombre infini de nos villes. Ce qu'il a de plus, ce sont les moyens que vous lui fournissez pour vous détruire. D'où tire-t-il tous ces yeux qui vous épient, si ce n'est de vous ? Comment a-t-il tant de mains pour vous frapper, s'il ne vous les emprunte ? Les pieds dont il foule vos cités ne sont-ils pas aussi les vôtres ? A-t-il pouvoir sur vous, qui ne soit de vous-mêmes ? »

Dès lors qu'on cesse d'observer le dominant et qu'on s'intéresse au dominé, on comprend que la révolution n'est qu'une affaire de volonté : « Et de tant

d'indignités que les bêtes elles-mêmes ne supporte-
raient pas si elles les sentaient, vous pourriez vous
délivrer si vous essayiez, même pas de vous délivrer,
seulement de le vouloir », poursuit La Boétie. Cette
désacralisaton des hiérarchies existantes a tellement
infusé notre culture, notre identité, que l'idée nationale française, en épousant les principes humanistes de liberté, d'égalité et de fraternité entre les
hommes, est devenue une promesse révolutionnaire,
la promesse d'une émancipation des citoyens par et
pour la nation.

Le sentiment national français porte en lui depuis
des siècles cette subversion de l'ordre des choses que
provoque la passion amoureuse dans *Andromaque*. La
tragédie de Racine peut se lire comme une métaphore
de cette grande promesse révolutionnaire française
de renversement des hiérarchies établies : Oreste, qui
représente toute la Grèce, surplombe Hermione qui
oblige contractuellement Pyrrhus, qui lui-même a
tout pouvoir sur Andromaque, son esclave. Or, Oreste
aime Hermione qui aime Pyrrhus qui aime Andromaque qui aime le souvenir d'Hector. Dès lors, tout
s'inverse et le sort de la Grèce est suspendu aux lèvres
d'une proscrite. Le destin de la civilisation dépend de
l'histoire qu'une esclave raconte depuis un tombeau
vide. Tout le monde, *de jure* et *de facto*, a droit de vie
ou de mort sur la rescapée du sac de Troie, mais elle

contrôle le récit, déchaîne les passions et soumet l'univers à sa volonté. Voilà ce qu'est la France pour nous : une « nation-Andromaque », l'horizon esquissé d'un renversement des inégalités présentes et passées.

Pareil horizon suscita, jusqu'aux années 1980, une nuit du 4 août sans cesse rêvée, ressassée, reproduite. Jusqu'à la nausée, la fatigue, la démission. Jusqu'au renoncement. Les dirigeants socialistes ont un jour jeté Andromaque à la poubelle. Son spectre, pourtant, hante toujours notre psyché nationale. Simplement, la princesse déchue a changé de camp et de chant. Nous sommes le 28 octobre 2015 dans un bar du port de Calais. Jean-Louis, docker retraité, parle avec émotion et colère : « Je votais à gauche, mais la gauche s'en fout de nous. Elle ne nous adresse même plus la parole. Comme si elle avait honte de nous. Au fond, les socialistes aimeraient bien qu'on existe pas. On fait tache à leurs yeux. La seule qui veut réellement changer les choses, la seule qui veut bien nous parler, c'est Marine. Elle aime la France et elle nous aime, elle… »

« Nous », c'est-à-dire les Français abandonnés dans un *no man's land* social postrépublicain, dans l'absence d'égalité et le manque de fraternité. Libres sans doute, mais libres seulement de protester contre le déclassement et l'injustice. Libres, donc, de voter

Le Pen. La promesse républicaine de l'abolition des privilèges ayant été remisée au placard, le Front national a lancé une OPA sur les passions révolutionnaires qui travaillent sans relâche la société française depuis des siècles. Avant de hurler au « populisme », essayons de comprendre l'écho rencontré par les diatribes lepénistes contre le « système », de saisir en quoi elles s'inscrivent dans notre histoire, notre patrimoine, notre ADN.

Nous sommes le dimanche 22 mars 2015, au soir du premier tour des élections cantonales, dans la bourgade de Marle, dans l'Aisne. Le sénateur-maire socialiste, Yves Daudigny, n'en croit pas ses yeux : lui qui n'a jamais perdu d'élection jusqu'à ce jour n'arrive qu'en troisième position. Devant lui, la femme de ménage de la mairie, « sa » femme de ménage : Marie-Jeanne Parfait. Elle est « son » employée depuis trente ans et habite un ancien wagon de chemin de fer aménagé en appartement de fortune. Tête de liste pour le Front national, elle n'a pris sa carte que quelques mois plus tôt, lorsque le parti des Le Pen l'a aidée à envoyer son petit-fils malade se faire soigner à Paris alors que tous les services sociaux l'avaient laissée tomber. Elle a fait équipe pour les cantonales avec un chauffeur-livreur de Saint-Quentin. Et elle a battu son employeur tout-puissant, sénateur, président du Conseil général et de la commu-

159

nauté des communes. Marie-Jeanne Parfait est, en ce dimanche 22 mars, l'incarnation d'Andromaque. Une figure révolutionnaire française.

On a oublié aujourd'hui, à la tête du PS et de l'État, les mots de Pierre Mendès France : « La République doit se construire sans cesse car nous la concevons éternellement révolutionnaire, à l'encontre de l'inégalité, de l'oppression, de la misère, de la routine, des préjugés, éternellement inachevée tant qu'il reste des progrès à accomplir. » Par un retournement historique sidérant, la gauche dite « de gouvernement » est devenue la force principale du statu quo dans le pays. La composition de l'électorat et, bien plus encore, des effectifs militants du PS est éclairante. Les ouvriers ont filé chez Le Pen, comme les employés. Reste un parti d'élus parlant avant tout aux populations bien intégrées des centres-ville, un pôle de conservatisme qui peut rassurer ou désespérer, mais qui est indéniablement en porte-à-faux avec sa propre histoire et les attentes des classes populaires.

Lorsque vous habitez un quartier pauvre de Calais, que la misère du monde vient frapper à votre porte sous les traits de milliers de migrants privés de tout, que la gauche a abandonné la Nuit du 4 août en rase campagne et qu'elle vous laisse seuls face à vos propres problèmes, immenses, et à ceux, plus immenses encore, des autres, vous avez plus que jamais besoin d'Andromaque. Et Andromaque, à Calais, se présente sous les traits de Marine Le Pen. Qualifier ses électeurs de racistes ne servira à rien, rappeler « les heures les plus sombres de notre histoire » ne fonctionnera pas plus : la présidente du FN réussit à incarner la fusion des passions patriotiques et égalitaires qui ont tant de fois submergé la France.

On pourra dire ce qu'on veut de l'inanité de son programme économique, de l'imbécillité de ses considérations budgétaires, de l'incohérence de ses ambitions sociales ou géopolitiques, du caractère obscur de ses financements russes ou très clair au contraire de ses racines intellectuelles, elle continuera à monter tant qu'elle sera la seule à épouser et attiser le rejet de la « caste » ou du « système », tant que la gauche aura oublié l'esprit du 4 août. Retrouver un débouché progressiste aux vieilles aspirations révolutionnaires françaises, voici la seule manière de barrer durablement la route au Front national.

Notre France est européenne

Nous sommes le 14 avril 2005 vers 20 h 30. Le président Jacques Chirac arrive dans la salle des fêtes de l'Élysée transformée en studio télé. Il salue les journalistes et le public. Ses sourires sont un peu forcés. L'émission qui vient sera déterminante pour l'issue du référendum sur le « traité établissant une Constitution pour l'Europe ». Depuis plusieurs semaines, la campagne des élites pour le oui patine, le non progresse et, pour la première fois, semble en passe de l'emporter.

Afin de « reconnecter » avec un électorat de plus en plus séduit par les arguments souverainistes et perturbé par l'absence visible d'enthousiasme des partisans de l'Union européenne, Jacques Chirac a accepté l'offre de TF1 d'un « dialogue » avec un « panel représentatif » de quatre-vingts jeunes Français. Dans les sondages, les 18-30 ans semblent

163

incliner pour le rejet du traité. Il faut donc leur rappeler que l'Europe, c'est l'avenir de la France. Le plan com' semble bien ficelé. Sauf que rien ne se passe comme prévu.

Le supplice commence dès la première intervention d'un « Français représentatif » : « On trouve que c'est un texte très compliqué, très technique, qui fait plus de 850 pages. [...] Cela nous donne l'impression que, dans ce texte, on nous cache quelque chose. » Jacques Chirac tente d'expliquer, il est « là pour cela ». Ses réponses rendent la chose plus confuse encore et il est interrompu sans ménagement : « Mais, monsieur le président, il faut encore comprendre : est-ce une Constitution, oui ou non ? »

À cette question simple, le président de la République ne répond pas. Il ne dit ni oui ni non, ou plutôt il dit oui et non : « Je vais vous expliquer : le terme de Constitution semble vous effrayer ou effrayer certains. En réalité, c'est un traité constitutionnel, pas une Constitution. Vous avez raison de le souligner : l'article I parle de Constitution. C'est un traité constitutionnel et ça a la valeur d'un traité constitutionnel. [...] Il nous faut une organisation. Nous devons avoir une organisation, des règles. D'où la nécessité d'avoir un nom pour ces règles. Et je trouve que le terme de Constitution va bien. »

Les visages filmés en gros plan expriment une insondable perplexité.

Blâmer Jacques Chirac pour ses zigzags conceptuels serait trop simple : il n'a pas vraiment le choix et le flou de ses « explications » ne fait que refléter l'incapacité des élites européennes à proposer le moindre discours cohérent. Comment faire campagne pour un texte qu'elles n'ont pas même réussi à définir clairement, préférant la notion obscure de « traité visant à établir une Constitution » à celle, jugée trop clivante, de « Constitution » ?

Parti dans une longue tirade sur des traités « contraignants » sans être « des contraintes », le président est repris au vol par une postadolescente : « Veuillez m'excuser, monsieur le président, mais je ne suis pas convaincue par votre réponse. » Cette fois-ci – on en est à la cinquième personne lui reprochant son manque de clarté –, le président s'énerve un peu : « Alors évidemment, vous pouvez toujours dire : "les plus hautes autorités juridiques affirment que, mais moi je ne le crois pas", c'est une position, permettez-moi de vous le dire, fragile. » L'argument d'autorité est la dernière bouée à laquelle se raccrochent des élites en perdition démocratique : si nous pensons tous ainsi, cela doit être vrai.

Le président clôt les deux heures de calvaire par une confession : « Je vais vous dire, très franchement, je ne vous comprends pas et ça me fait de la peine. » Le discours politique passe ce soir-là du « je vous ai compris » de De Gaulle surjouant une communion, feinte en l'occurrence, avec les masses au « Je ne vous comprends pas » de Chirac. Déconnecté, l'hôte de l'Élysée ressemble au chamane des sociétés primitives décrites par Pierre Clastres dans *La Société contre l'État*. Placé au cœur de la communauté pour symboliser le pouvoir que l'on refuse, le chamane parle une langue incompréhensible au commun des mortels et toute communication avec ses « sujets » lui est prohibée. Les Indiens Guayaki exorcisent ainsi le pouvoir vertical en l'isolant, en le posant au centre du village et en riant de son inadéquation au monde.

Sur TF1, le 14 avril 2005, le Président de la République Française est un chamane Guayaki. Il est le symbole d'élites européennes parlant une langue de plus en plus incompréhensible au commun des mortels et perdant référendum sur référendum. Le traité de 2005 sera plus ou moins sauvé par un tour de passe-passe institutionnel de Nicolas Sarkozy, mais le projet européen ne s'est toujours pas remis, en 2016, de cette débâcle.

La raison de la défaite politique, idéologique et culturelle des élites européennes est simple : comment gagner la bataille des idées quand on n'en assume aucune ? Le problème est systémique et les dix ans qui suivent l'émission amazonienne de Jacques Chirac ne font qu'aggraver la situation. À chaque échéance démocratique, le même discours est resservi : nous ne savons pas vraiment ce que nous vous proposons, mais vous n'avez pas d'autre choix que de l'accepter. Pareille attitude finira par dégoûter de l'Europe même les internationalistes les plus fervents.

Nos dirigeants semblent empêchés, incapables de porter le moindre projet cohérent et ambitieux pour l'Europe. Ils se perdent, et nous perdent avec eux, en circonvolutions dès qu'il s'agit de faire un pas dans la direction d'une Union plus politique, plus fédérale. Ils parlent et agissent comme s'ils avaient quelque chose à cacher, comme s'ils se trouvaient du mauvais côté de l'histoire, comme si chaque avancée de l'intégration européenne était une trahison du récit français. Ont-ils oublié où est née l'idée européenne et qui l'a portée ?

Les grilles de lecture désormais dominantes opposent récit national et rêve européen. Le premier, enraciné dans l'histoire, la terre, la culture, serait menacé par le second, porté par des technocrates sans patrie ni frontières, sans passé ni racines. Pour sauver le premier, il faudrait abattre le second. Cela semble cohérent. D'un côté la nation, de l'autre sa

négation. Mais de quel récit français parlons-nous ?
Depuis quand notre chant national serait-il opposé
au projet européen ?

Les grands noms de notre histoire, ceux qui
ont écrit notre récit, étaient profondément européens. Montaigne parcourut le continent à cheval,
Descartes délaissa ses professeurs du lycée de La
Flèche pour traverser l'Europe en guerre et s'établir
à Amsterdam, Voltaire devint Voltaire en posant le
pied en Angleterre avant de s'exiler en Prusse et en
Suisse, puis de transformer sa terre de Ferney en
carrefour de toutes les routes européennes du savoir
et de la connaissance. Le message que la France
porta au monde pendant des siècles fut le produit
d'échanges et de débats continentaux. Il est né dans
cette République européenne des lettres caractéristique du siècle des Lumières. Les Français les plus
illustres n'étaient pas seulement français, ils étaient
profondément européens. Ce qui les rendait plus
français encore.

On objectera qu'il s'agit là d'une Europe des
nations, que personne aujourd'hui ne rejette les
communications entre Allemands et Français, Français et Italiens, Anglais et Allemands, etc. On souli-
gnera que le problème vient de l'édification d'une
superstructure, que le récit français meurt d'avoir

au-dessus de lui ce mythe supranational. Mais, encore une fois, de quel récit français parle-t-on ?

L'universalisme porté par les patriotes de 1789 plaçait les droits de l'homme et du citoyen au-dessus des États-nations. Il y a, depuis le 26 août 1789, toujours eu devant nous, Français, l'horizon de l'humanité prise dans son ensemble. Un au-delà de nos frontières. C'est sur le chemin menant à cet horizon inaccessible et pourtant consubstantiel à notre être français qu'est né le rêve européen, comme un débouché naturel au patriotisme de la Révolution, un patriotisme cosmopolite, constitutionnel, universaliste, longtemps propre à la France et en tous points opposé aux nationalismes clos, aux souverainetés fantasmées comme univoques et étanches les unes aux autres.

Les plus admirables hérauts de notre récit national furent aussi les plus grands marcheurs vers cet horizon universel et les plus fervents architectes du projet d'union – ou de réunion – de l'Europe.

Nous sommes le 1er juin 1885 à 10 h 30. Vingt et un coups de canon retentissent aux Invalides, annonçant le transfert de la dépouille de Victor Hugo vers le Panthéon. Exposée sous un Arc de triomphe drapé de noir depuis la veille, elle traverse Paris sous les vivats d'une foule immense. Des centaines de milliers de citoyennes et de citoyens s'amassent sur le parcours. Les prostituées travaillent gratuitement en l'honneur du personnage de Fantine, les ouvriers quittent leur boulot – on est un lundi – pour venir crier «Vive Hugo !» au passage du cortège. Le petit peuple parisien célèbre l'homme qui a chanté la « France d'en bas » comme personne et célébré notre destin collectif comme aucun autre. Qui oserait accuser Victor Hugo d'avoir manqué d'exaltation patriotique ?

L'auteur des *Misérables* fut le premier des Français. Et le premier des Européens. Il est la réponse sublime à tous ceux qui, en 2016, tentent d'opposer l'amour de la nation au désir d'Europe. Nous sommes le 21 août 1849. Victor Hugo préside le Congrès international de la paix à Paris. Dans la foulée de l'instauration de la République, il s'agit de rassurer nos voisins – la France révolutionnaire n'entend plus conquérir l'Europe par les armes – tout en capitalisant sur le « Printemps des peuples » qui a bouleversé l'Autriche, la Hongrie, la Pologne, l'Italie ou la Tchéquie dans la foulée de l'insurrection parisienne de février 1848. Si elle n'a aucune intention de se relancer dans les conquêtes napoléoniennes et de raser Vienne ou Moscou pour faire triompher ses principes, la France républicaine a un projet à offrir aux peuples du continent.

Des délégués de toute l'Europe sont rassemblés. Les révoltes populaires ont pour la plupart été réprimées dans le sang, mais l'ambiance est, encore, à l'enthousiasme révolutionnaire. Victor Hugo s'avance, salue ses « frères européens » et prononce un discours prophétique : « Un jour viendra où vous France, vous Russie, vous Italie, vous Angleterre, vous Allemagne, vous toutes nations du continent, sans perdre vos qualités distinctes et votre glorieuse individualité, vous vous fondrez étroitement dans une unité supérieure et vous constituerez la fraternité européenne, absolument comme la Normandie, la Bretagne, la Bourgogne, la Lorraine, l'Alsace, toutes nos provinces, se sont fondues dans la France. [...] Un jour viendra où les boulets et les bombes seront remplacés par les votes, par le suffrage universel des peuples, par le vénérable arbitrage d'un grand sénat souverain qui sera à l'Europe ce que le Parlement est à l'Angleterre, ce que la Diète est à l'Allemagne, ce que l'Assemblée législative est à la France. »

Le patriotisme français est constructiviste – il conçoit l'identité nationale comme le produit évolutif d'une histoire et d'une série de décisions, de gestes, de combats politiques – et universaliste – il identifie depuis 1789, et même bien avant, la France à des principes. D'emblée, la notion de frontières

171

immuables se présente à lui comme un obstacle à son épanouissement et non une garantie de sa réalisation. Cette nature extravertie et non pas introvertie de notre amour de la France peut conduire soit à des guerres d'expansion (Napoléon conquiert l'Europe et la IIIe République colonise l'Afrique au nom des Lumières), soit à un projet supranational librement consenti qui, sous la plume de Hugo, prend le nom d'« États-Unis d'Europe ». Nos passions nationales débordantes ne s'annulent pas dans un tel projet, elles y trouvent un débouché. Un démultiplicateur de puissance et d'ambition. L'Union européenne est d'abord une idée française. Y renoncer, en 2016, suppose de renoncer à la dimension extravertie du patriotisme français et, *in fine*, de changer la nature de notre récit national.

Comme l'idée seule peine à bousculer les habitudes et les coutumes, le *statu quo* prenant souvent la forme d'une donnée éternelle aux yeux des hommes, ce sont les catastrophes historiques qui imposent le changement, la nécessité vitale de ce qui semblait de prime abord utopique. Victor Hugo, non content d'en dessiner les contours, annonce la manière dont le projet européen s'imposera. Nous sommes le 29 août 1876 lorsqu'il publie sa « Protestation sur la Serbie et les États-Unis d'Europe ». L'Empire ottoman réprime dans le sang l'insurrection des Serbes et des Bulgares, et les nations européennes divisées assistent sans broncher aux massacres. Le poète s'insurge : « Nous allons étonner les gouvernements européens en leur apprenant une chose, c'est que les crimes sont des crimes, c'est qu'il n'est pas plus permis à un gouvernement qu'à un individu d'être un assassin, c'est que l'Europe est solidaire. »

Il oppose – dans la continuité du 26 août 1789 – à la « question des gouvernements » (la raison d'État) la « question de l'humanité » (les droits de l'homme) et voit dans le chaos des Balkans la preuve de l'inévitabilité d'une fédération européenne : « Ce qui se passe en Serbie démontre la nécessité des États-Unis d'Europe. Qu'aux gouvernements désunis succèdent les peuples unis. Finissons-en avec les empires meurtriers. Muselons les fanatismes et les despotismes. Brisons les glaives valets des superstitions et les dogmes qui ont le sabre au poing. Plus de guerres, plus de massacres, plus de carnages ; libre pensée, libre échange ; fraternité. Est-ce donc si difficile, la paix ? La République d'Europe, la Fédération continentale, il n'y a pas d'autre réalité politique que celle-là. Les raisonnements le constatent, les événements aussi. Sur cette réalité, qui est une nécessité, tous les philosophes sont d'accord, et aujourd'hui les bourreaux joignent leur démonstra-

173

tion à la démonstration des philosophes. À sa façon, et précisément parce qu'elle est horrible, la sauvagerie témoigne pour la civilisation. Le progrès est signé Achmet Pacha. Ce que les atrocités de Serbie mettent hors de doute, c'est qu'il faut à l'Europe une nationalité européenne, un gouvernement un. [...] En un mot, les États-Unis d'Europe. C'est là le but, c'est là le port. Ceci n'était hier que la vérité ; grâce aux bourreaux de la Serbie, c'est aujourd'hui l'évidence. Aux penseurs s'ajoutent les assassins. La preuve était faite par les génies, la voilà faite par les monstres. »

L'union de l'Europe n'est pas née dans l'esprit de technocrates hors-sol. Elle fut d'abord rêvée par des philosophes et des poètes, des aventuriers et des citoyens, les Byron du XIXᵉ siècle soutenant la Grèce dans sa guerre d'indépendance ou les révolutionnaires français prêtant main-forte aux patriotes polonais. Elle est le produit d'une longue série de luttes politiques et idéologiques. Et c'est au cœur des deux pires tourmentes de l'histoire du continent, en pleine épreuve des faits les plus brutaux, que l'idéal européen est devenu à nos yeux crucial, vital, « évident ».

Au sortir de la Première Guerre mondiale, alors que la civilisation européenne a découvert qu'elle

était « mortelle » (Paul Valéry), des hommes politiques français voient dans l'hécatombe à peine finie,
les cimetières, les ruines et les gueules cassées qu'elle
laisse derrière elle, autant d'appels à créer les « États-
Unis d'Europe ».

Nous sommes le 28 janvier 1925. Devant la
chambre des députés, le président du Conseil et
ministre des Affaires étrangères Édouard Herriot
exhorte les nations du continent à s'unir : « Se
présentent des problèmes qui exigent la collabora-
tion des États-Unis d'Europe, qui exigeront tout ce
qu'il y a dans cette Europe de puissance, de travail, de
sciences, de techniques d'expérience accumulée... »
Sinon, la guerre reviendra et l'Europe perdra sa prééminence dans le monde. Son discours suscite l'enthousiasme, mais reste lettre morte.

Il fallut aller plus loin encore dans l'horreur et la
déchéance pour que la vision de Hugo s'impose. Il
fallut la Deuxième Guerre mondiale.

Nous sommes le 5 août 1943. Membre du Comité
français de libération nationale auprès du général de
Gaulle en tant que Commissaire à l'armement et à
l'approvisionnement, Jean Monnet rédige à Alger
une note sur la manière de rétablir durablement la
paix en Europe, une fois la guerre contre le nazisme
gagnée : « Il n'y aura pas de paix en Europe si les

États se reconstituent sur une base de souveraineté nationale stricte avec ce que cela entraîne de politique de prestige et de protection économique. [...] Les pays d'Europe sont trop étroits pour assurer à leurs peuples la prospérité que les conditions modernes rendent possible et par conséquent nécessaire. [...] Leur prospérité et les développements sociaux indispensables sont impossibles, à moins que les États d'Europe ne se forment en une fédération ou une "entité" européenne. »

Pourquoi revenir aux « heures les plus sombres de notre histoire » ? Pour discréditer a priori toute pensée souverainiste, toute volonté de sortir de l'euro ou de l'UE ? Pour menacer – comme le font trop souvent des dirigeants européens en panne d'arguments – d'un retour à 1943 en cas de rejet de Bruxelles ? Non. Simplement pour rétablir un fait historique simple que l'on a tendance à oublier : ce ne sont pas des élites mondialisées déconnectées de notre terre et de nos morts qui ont dessiné l'Europe sans frontières intérieures que nous avons reçue en héritage et en partage, mais des patriotes français engagés dans la Résistance, luttant pour la survie de la nation.

Nous sommes le 18 avril 1951 lorsque le Traité de Paris transforme l'esprit de la note de Monnet en projet concret, avec le lancement de la Communauté européenne du charbon et de l'acier. Le 10 août 1952, l'ancien commissaire de la France libre prend la présidence de la haute autorité de la nouvelle institution. Son idée est simple : pour avancer vers une fédération européenne, il faut progressivement lier les nations les unes aux autres. C'est la stratégie dite « des petits pas » qui préside à l'intégration continentale depuis le début des années 1950. Elle suppose que les dirigeants aient toujours l'idéal en vue – un idéal éminemment français de démocratie européenne – et le souvenir des atrocités qui le rendent nécessaire.

Là réside le grand problème contemporain de l'Europe, là prend racine l'hostilité croissante envers ce qu'est devenue l'idée européenne. Lorsqu'une nouvelle élite, qui n'a pas connu la guerre et se moque de la vision de Victor Hugo, prit les commandes simultanément à Paris et Bruxelles, les petits pas restèrent sans idée directrice ni mémoire motrice. L'Union européenne avança, avança et avança. Sans qu'aucun horizon mobilisateur démocratique soit esquissé. À force d'avancer sans pouvoir dire vers où, elle est entrée dans une crise profonde et durable. Une crise de confiance et de sens. Une crise que la stratégie des petits pas, loin de résoudre, ne fait que renforcer.

De continuation de l'idéal politique français, chaînon manquant entre le patriotisme français et l'universalisme qui lui est consubstantiel, la construction européenne est progressivement devenue une réalité bureaucratique et un projet strictement économique. C'est cette *reductio ad economicum*, perçue comme allemande ou non française – bien que la France gaulliste en fût à l'origine –, des ambitions originelles qui a rendu l'Europe impopulaire chez nous. L'Europe vécue comme un simple marché et non comme un nouvel espace de conquêtes démocratiques et sociales ne pourra jamais séduire un peuple drogué depuis l'origine à la politique et aux idées.

L'Europe n'a aujourd'hui ni récit exaltant ni projet cohérent. Tant que nous aurons des ponts sur nos billets de banque parce que nous sommes incapables de nous accorder sur des figures comme Mozart, Vinci, Hugo ou Havel, tant que nous ne proposerons pas un gouvernement ou un président de l'UE responsables devant les électeurs européens, tant que nous n'oserons pas l'harmonie fiscale ou la défense commune, tant que nous n'offrirons ni symboles unificateurs, ni avancées fédérales, l'UE demeurera un repoussoir. Et l'idée de Hugo – les

États-Unis d'Europe – mourra sans même avoir été tentée, défendue, évoquée. National-souverainisme ou démocratie européenne : les deux visions sont possibles. Elles correspondent toutes les deux à des rapports antithétiques – mais bien réels – à notre histoire nationale. Seul l'entre-deux post-politique actuel ne s'inscrit dans aucun récit français. Il est condamné. Évitons que la vieille idée française de fédération européenne ne meure avec lui.

Notre France est existentialiste

« Jouissons sans entrave », « Aimez-vous les uns sur les autres », « Le sacré, voilà l'ennemi », « Nous sommes marxistes tendance Groucho », « Ici on spontane », « Il est interdit d'interdire », « Sous les pavés, la plage » : les slogans de Mai 68, en devenant de nouvelles normes sociales, ont détruit la France. Ils l'ont vouée à la religion du temps présent, au culte de l'immédiateté et au règne de l'individualisme. Ancêtres de la société égotique et anarchique des blogs et des posts, des tweets et des selfies, ils sont coupables de tout, absolument tout ce qui nous arrive : le délitement du lien social, l'affaiblissement de l'État, la déchéance du sentiment amoureux, les vidéos pornos en accès libre sur RedTube, la vulgarité de Hanouna, l'affaissement de l'école vilipendé par Alain Finkielkraut, « l'obscénité démocratique » dénoncée par Régis Debray. Tous les maux de l'époque remontent à ces tables de l'anti-Loi données aux émeutiers du Quartier latin par un binational rouquin et ses apôtres « je-m'en-foutistes ». Voilà ce qu'on entend, ce qu'on lit, ce qu'on dit un peu partout en 2016.

L'importation de l'« idéologie californienne » qui noie l'ancienne verticalité française dans un océan d'horizontalité et d'interchangeabilité ? Ce sont eux ! « L'esprit Canal » des années 1980-1990 qui abolit le sérieux et la profondeur, remplace le récit par le bon mot et le respect pour celui qui sait par la dérision envers celui qu'on ne comprend pas ? Encore eux ! Les soixante-huitards sont des punching-balls pratiques, on peut tout leur reprocher : de ne croire en rien *et* d'imposer leurs croyances à tous, d'être des gauchistes attardés *et* des individualistes cyniques, d'être mondialistes *et* d'empêcher l'adaptation de l'économie à la mondialisation...

« Jouissons sans entrave » assassine le patriarche français et notre vieille culture de la retenue. « Ici on spontane » abolit la continuité historique, le rapport à la terre et aux morts. Le « marxisme tendance Groucho » moque les idées, place l'ironie universelle au poste de commandement. En eux, par eux, l'absurde remplace le sens et l'existence efface l'essence, la nation touche sa fin du doigt et s'en lèche les babines. « 68 m'a tuer » répètent en chœur les thuriféraires d'un passé fantasmé comme bien ordonné, bien policé, bien respectueux des rites, des traditions, des autorités. Ont-ils oublié les pièces de Marivaux, le Paris des salons, les bals de la Belle Époque et les caves de Saint-Germain ? La France qu'ils regrettent, mettant le présent à distance, le désir sous boisseau, la jouissance entre parenthèses, une nation sacralisant ses hiérarchies et son héritage, cette France a-t-elle jamais existé ?

Nous sommes le 27 avril 1784 sur la scène du théâtre de l'Odéon. Un valet joyeux, ancien barbier, ex-soldat et journaliste reconverti, mesure l'espace de sa chambre pour y installer son lit de noces. Figaro est amoureux de Suzanne et il va bientôt l'épouser. C'est tout. Et c'est pourtant énorme. C'est naturel et cela ne va pourtant pas de soi. Dans la société des ordres, le désir du seigneur vaut loi et le comte Almaviva s'est entiché, par perversion ou par ennui, de la fiancée de son serviteur. Pour parvenir à se marier, c'est-à-dire pour faire triompher son droit le plus élémentaire contre l'ordre féodal, Figaro va devoir changer d'habit, mettre en scène une révolution, inverser les hiérarchies. Rendu subversif par l'iniquité de son maître, il s'exclame : « Noblesse, fortune, un rang, des places, tout cela rend si fier ! Qu'avez-vous fait pour tant de biens ? Vous vous êtes donné la peine de naître, rien de plus !» Le retentissement de ces mots est immense. Danton proclamera que « Figaro a tué la noblesse en une tirade » et Napoléon verra dans *Le Mariage* « la Révolution déjà en action ».

Ce soir d'avril 1784, l'Odéon est bondé et le public aux anges. Il se délecte des aventures rocambolesques d'un valet tournant en ridicule des structures sociales qui lui semblent déjà surannées. Condamnées. Chacun pressent qu'il se joue sur scène quelque chose de crucial et d'irréversible. Même le flegmatique Louis XVI frôle l'apoplexie en entendant la lectrice de la reine, Mme de Campan, lui lire la tirade de Figaro. Aux mots « rien de plus ! », il se lève et s'exclame : « Cela ne sera jamais joué ; il faudrait détruire la Bastille pour que la représentation de cette pièce ne fût pas une inconséquence dangereuse. Cet homme se joue de tout ce qu'il faut respecter dans un gouvernement. – On ne la jouera donc pas ? dit la reine – Non, certainement, vous pouvez en être sûre. » Quelques années à peine après sa réaction ferme et définitive, on joue bel et bien la pièce. Le 27 avril 1784, Beaumarchais est porté en triomphe dans Paris par un peuple qui voit en lui le pourfendeur de l'Ancien Monde. Cinq ans plus tard, la Bastille est détruite.

« Cet homme se joue de tout ce qu'il faut respecter » : le roi, pour une fois, vise juste. Beaumarchais ridiculise tout ce qui fonde la société d'Ancien Régime. Il ne « respecte » rien. Dans sa préface au *Mariage*, il fustige les « apôtres de la décence » et célèbre le théâtre de la « disconvenance ». Dans ses pièces, il n'y a plus ni transcendance, ni destin, ni ordre intangible. Il n'y a plus même de monologue d'introspection, de plongée dans les profondeurs de l'âme. Juste la valse des positions et le vertige de relations humaines sans cesse changeantes. Une réhabilitation joyeuse, festive, de la surface de l'existence. Ses personnages ne sont plus des archétypes, mais des êtres en situation. Il met en scène le triomphe du rapport au monde propre à l'homme des Lumières. Les spectateurs sont face à Figaro comme face à un miroir.

Dans sa fameuse tirade contre la société des ordres, le valet rebelle se retourne sur son destin chaotique et s'exclame : « Ô bizarre suite d'événements ! Comment cela m'est-il arrivé ? Pourquoi ces choses et non pas d'autres ? Qui les a fixées sur ma tête ? Forcé de parcourir la route où je suis entré sans le savoir, comme j'en sortirai sans le vouloir, je l'ai jonchée d'autant de fleurs que ma gaieté me l'a permis. » La révolution mentale, philosophique, morale des Lumières est résumée en quelques phrases. Elle est bien plus profonde qu'une simple dénonciation politique des injustices, des incohé-

185

rences, des inégalités de la société d'Ancien Régime, elle consacre le rapport renardien à la vie et au monde caractéristique de la personnalité française. L'individu est projeté dans un univers qui ne fait plus sens a priori et qui, donc, laisse fondamentalement libre celui qui y évolue sans voie prétracée.

L'homme des Lumières, renonçant à toute forme d'identité immuable et désacralisant tout ce qui fige notre personnalité, est un Renard heureux, un Français à l'aise avec son trouble, jouant avec lui, explorant les multiples facettes de son être comme autant de possibilités de jouissance. Diderot célèbre dans *Jacques le Fataliste* ce règne du hasard et de la mobilité : « Comment s'étaient-ils rencontrés ? Par hasard comme tout le monde. Comment s'appelaient-ils ? Que vous importe ? D'où venaient-ils ? Du lieu le plus prochain. Où allaient-ils ? Est-ce que l'on sait où l'on va ? » Le début et la fin des histoires humaines ne sont que pures conventions. Par conséquent, tout relève de décisions. Le destin est ce qu'on en fait et notre liberté radicale est au principe de tout édifice social. Rien ne lui préexiste.

Le Mariage de Figaro poursuit le travail de sape de Molière et Marivaux, parachève la subversion des grands rhétoriqueurs médiévaux. Le théâtre a toujours pris une part essentielle à notre vie culturelle, politique et sociale. Sur les planches françaises triomphent depuis des siècles, depuis les pièces carnavalesques du Moyen Âge, les libertés humaines et l'interchangeabilité des positions comme des identités : «Tantôt maître, tantôt valet, […] changeant à propos d'habit, de caractère, de mœurs, de langage, risquant beaucoup, réussissant peu ; libertin dans le fond, réglé dans la forme, démasqué par les uns, soupçonné par les autres, à la fin équivoque à tout le monde, j'ai tâté de tout » (*La Fausse Suivante*, Marivaux). Sur scène, à travers des personnages qui changent d'habit, d'opinion, de classe sociale, voire de sexe, comme on change de chemise, l'existence subvertit l'essence et la volonté humaine chamboule la création divine. Notre théâtre dévoile et déracine : il est le lieu renardien par excellence.

L'homme-Figaro est un existant ballotté par les événements qui essaie coûte que coûte, vaille que vaille, de jouir de ses pérégrinations dans un monde sans foi ni loi, sans haut ni bas. Non pas comme un simple corps dénué d'esprit, mais comme un esprit doté d'un corps, bien dans ses pompes à défaut d'être droit dans ses bottes. Le valet de Beaumarchais se promène à travers les siècles et, partout où il passe, la liberté explose dans un moment de jouissance non entravée et réfléchie. Nous le croisons ainsi, au sortir de la Seconde Guerre mondiale, à Saint-Germain-des-Près. Bien avant que les librairies ne soient rachetées par des enseignes de mode et que le Café de Flore ne se transforme en musée Grévin, Sartre, Merleau-Ponty, Beauvoir, Vian, Beckett, Leiris y lancent *Les Temps Modernes*, inventant – ou plutôt retrouvant – la philosophie existentialiste.

Le passé rayé de la carte par Auschwitz, l'avenir hypothéqué par la possibilité permanente d'un nouvel Hiroshima, « notre seul recours est dans une lecture du présent aussi complète et aussi fidèle que possible, une lecture qui n'en préjuge pas le sens », proclame Merleau-Ponty. Sartre renchérit : « Nous ne voulons rien manquer de notre temps... Il en est de plus beaux peut-être, mais celui-ci est le nôtre. » « Le nôtre » : débarrassé des tentations réactionnaires ou des délires prophétiques, l'individu, « centre d'indétermination qui troue l'histoire à chaque instant », peut partir à la conquête de son époque et de son existence. Vivre, réellement, avant de mourir.

Nul optimisme béat, nulle oblitération du tragique de l'histoire dans cette « rage de vivre » à l'origine de l'existentialisme. Au contraire. Seule la certitude de la finitude radicale du « je » comme du « nous » permet de profiter du « présent ». « Il fallait bien qu'un jour l'humanité fût mise en possession de sa mort... Au moment où finit cette guerre, la boucle est bouclée, en chacun de nous l'humanité découvre sa mort possible, assume sa vie et sa mort », écrit Sartre en guise d'introduction au premier numéro des *Temps Modernes*. L'expérience de la mort, la sienne propre et celle du tout – dépendant désormais de la décision humaine, trop humaine, des dirigeants des puissances nucléaires de maintenir ou non la vie sur terre –, rend l'existence « authentique ». Exister, ici et maintenant, devient l'acte philosophique par excellence. Exister et réfléchir cette existence, sans la dépasser ni la nier dans des extrapolations théoriques ou dogmatiques.

L'avènement de l'existentialisme suscite l'hostilité tant des conservateurs que des communistes. Pierre Emmanuel dénonce une « pensée infecte » et une « maladie de l'esprit » dans les très staliniennes *Lettres françaises*. Roger Garaudy, communiste orthodoxe qui finira négationniste et pro-islamiste, stigmatise une « littérature de fossoyeurs ». « Fossoyeurs » du passé et de l'avenir, de l'Ordre et de la Révolution, car abolissant leur prétention à l'éternité et déjouant leur tentative d'étouffer le présent et l'individu sous le poids de leur sacralité. Au Congrès mondial de la paix de Wroclaw en 1948, organisé par l'URSS et rassemblant des intellectuels communistes de quarante-cinq pays, Sartre est décrit en « hyène dactylographique » et en « chacal muni d'un stylo ». Les journaux de

droite ne sont pas en reste qui parlent de « philosophie de la fornication », lui imputant l'augmentation
du nombre de filles mères et, déjà, l'effondrement de
l'autorité conjointe des pères, des profs, des prêtres
et des préfets.

L'habitude des existentialistes de se rencontrer
dans les cafés et les caves de Saint-Germain devient
la preuve de la vacuité de leur pensée. Seul le terme de
« bobo » manque à l'appel pour lire dans les diatribes
de la fin des années quarante l'exacte anticipation de
celles des années 2010. Le royaliste Pierre Boutang
peint la virevoltante équipe des *Temps Modernes* en
« secte de possédés » : « Où trouve-t-on le possédé ?
Au Flore ou au bar du Palais-Royal ? Partout sauf
chez lui, et il n'a pas de chez lui. Il vit à l'hôtel.
Puisqu'il n'est pas de passé et pas d'avenir, on peut
bien prendre des habitudes, mais des habitudes dans
le lieu le plus déraciné, le plus abandonné de la vie,
des habitudes de café… Puisqu'il n'est pas d'essence
qui se manifeste dans les rapports entre les hommes,
on peut bien accepter tous les voisinages, toutes les
proximités. On peut même faire école dans ce vide,
dans cette décompression de l'être qu'est le café… »
(in *Sartre est-il un possédé ?*). Sartre, comme Renart et
Figaro, n'a pas de « chez lui ». Il est inclassable, insaisissable. Son lieu de prédilection n'est ni un « chez

soi », ni un « chez l'autre », c'est un endroit trouble, ouvert à toutes les rencontres : le café.

Cette « école du vide » – le café parisien – est, quoique en pense Boutang, le lieu de la pensée française par excellence. Voltaire et les encyclopédistes y avaient leur table. La philosophie des Lumières y a prospéré, elle qui n'est pas un long soliloque écrit par un esprit torturé dans une grotte ou une tour d'ivoire, mais une longue conversation menée par des hommes et des femmes vivant en société. En rejetant les « habitudes de café », c'est une vieille tradition française que nos contrôleurs d'identité rejettent du haut de leur sérieux, une tradition que Sartre et sa bande ne font que réveiller : la tradition de la philosophie en situation, au cœur de la cité, conçue comme un dialogue plus qu'un monologue. Elle remonte jusqu'aux origines athéniennes et socratiques de la philosophie. Gageons qu'un contemporain de Socrate aurait été plus étonné de la prétention au savoir « pur » de philosophes érigeant des systèmes abstraits claquemurés dans leur bureau universitaire ou leur chambre à coucher que des discussions à bâtons rompus de Sartre, Merleau-Ponty et leurs amis dans des bistrots parisiens. « Pas de passé » ? Un passé immense, au contraire. Le passé d'une pensée qui vit dans le monde et non au-dessus de lui.

Les grandes acmés philosophiques françaises furent le plus souvent concomitantes de formidables périodes de fête et de libération des mœurs, quasiment toujours liées à des expériences traumatiques : les guerres de Religion, les guerres de Louis XIV, les guerres mondiales. Loin de plonger Paris dans la dépression, la rencontre avec la fin des temps dont Auschwitz et Hiroshima sont les noms conduit à jouir « sans entraves » et déclenche une frénésie de fêtes. Le « Aimez-vous les uns sur les autres » de 1968 n'invente rien que le libre-penseur épris de jazz et d'émancipation sexuelle de 1950 ou l'habitué des salons des Lumières n'avait expérimenté et formalisé. L'existentialiste, qu'il se nomme Renart, Figaro ou Sartre, se comporte à la manière des Égyptiens dont parle Montaigne dans les *Essais* qui se faisaient apporter des cadavres au cœur de leurs orgies pour se rappeler leur mort prochaine et, conscients de leur finitude radicale, mieux profiter de leurs agapes terrestres. « Je l'ai jonchée d'autant de fleurs que ma gaieté me l'a permis », chante le Figaro de Beaumarchais : la conscience aiguë de la finitude de toute chose conduit à la joie alors que la déprime naît du refus de notre condition troublée.

Pareille quête d'un présent pris en lui-même et pour lui-même, libéré de notre vision mythique du passé ou prophétique de l'avenir, n'est donc nullement une invention soixante-huitarde. Les critiques « mécontemporaines » visant Cohn-Bendit et les « suicidaires » années 1970 ne font que reprendre, au mot près, celles adressées en leur temps à Molière, Marivaux, Montesquieu, Voltaire, Beaumarchais, Diderot et tous les esprits (très) français refusant d'enfermer le présent dans le carcan de racines supposées et d'utopies aléatoires. *Le Mariage de Figaro*, en moquant toute hiérarchie, met la société sens dessus dessous ; *Tartuffe,* en « ruinant la Religion catholique et en blâmant sa plus sainte pratique qu'est la conduite des âmes » (dixit le curé Pierre Roullé faisant campagne pour que Louis XIV interdise la pièce), plonge le pays dans le nihilisme, *Candide,* en riant des professeurs et des frontières, abolit la possibilité même du savoir et du pouvoir, *Les Lettres Persanes,* en se gaussant de nos rites, imposent un « métissage » culturel qui détruit l'identité française...

Nous avons, en réalité, toujours été « décadents ». Le curé, qu'il soit laïque ou religieux, est contraint en France à une longue lamentation sur l'état des mœurs et l'affaissement des autorités. Au milieu du XVIe siècle, les jeunes poètes de la « Brigade » (future Pléiade), Ronsard, du Bellay, Peletier du Mans, Belleau, Baïf, Pontus de Tyard et Jodelle, portent notre langue et notre culture à leur expression la plus pure, la plus parfaite. Qui saurait reprocher le moindre dilettantisme à des hommes qui ont voué leur vie à la quête d'une forme d'excellence française ? Qui peut les soupçonner de manque de patriotisme alors qu'ils bataillent pour remplacer le latin par le français et rêvent de faire de notre culture l'héritière de la Grèce et de la Rome antiques ?

Nous sommes le 9 février 1553, toute la Brigade est réunie pour assister au triomphe de la *Cléopâtre captive* de Jodelle à l'Hôtel de Reims, en présence du roi Henri II. Pour célébrer leur ascension au firmament de notre poésie, ils se rendent à Arcueil pour une cérémonie d'inspiration dionysiaque : drapés de toges, ils rivalisent de dithyrambes et d'élégies, boivent, s'embrassent, sacrifient un bouc enguirlandé de lierre « en l'honneur de la vie ». C'est l'épisode dit de la « pompe du bouc » : il symbolise l'horreur « païenne » des temps modernes selon l'Église et les Réformés, pour une fois d'accord.

La Pléiade, aujourd'hui symbole d'un élitisme linguistique et d'une distinction sentimentale censés être noyés dans la vulgarité et la pornographie ambiantes, célèbre donc sa naissance par une orgie considérée alors comme le summum de l'abjection et de la décadence. Ce que nous considérons en 2016 comme l'expression la plus noble de notre génie national fut vilipendé par les « mécontemporains » de 1553 comme sa dégradation la plus ignoble. Les déclinistes actuels peuvent s'en réclamer tant qu'ils veulent pour fustiger la permissivité inculte de notre époque, la Pléiade n'en est pas moins née lors d'une partouze.

Il faudra s'y faire : en France, les lettres ne nient pas le corps et n'élèvent pas l'âme au-dessus de la vie profane, elles plongent en elle. Nous avons peu de Werther et beaucoup de Bovary dans notre ADN. Les héros de Goethe et Flaubert se suicident pour des raisons antithétiques : le jeune romantique allemand succombe à la sainteté de ses sentiments, incompatibles avec un monde impur, alors que la femme émancipée française est acculée à la mort par un univers hypocrite se prétendant saint. L'un est trop pur, l'autre trop libre.

Rien de prude dans le classicisme ou les Lumières. Bien au contraire. Racine, le plus sérieux de nos tragédiens, multiplie les jeux de mots grivois cachés sous la beauté du style : lire à voix haute « Plus le désir s'accroît plus l'effet se recule » permet de caractériser l'esprit français mieux que vingt traités sentencieux sur notre supposée décadence. Il n'y a aucune pureté culturelle à « protéger » au pays de Renart. Au XVIIe siècle, la catégorie des livres « philosophiques » mêle les écrits de Diderot, Voltaire ou d'Alembert et les contes érotiques. Imprimés à l'étranger, rapportés à Paris dans les mêmes carrioles des mêmes passeurs, distribués sous le manteau par les mêmes réseaux et se retrouvant dans les mêmes mains, les œuvres philosophiques et les bouquins pornos participent d'une identique célébration de l'existence profane. Aucun homme de lettres ne songe alors à s'offusquer d'un tel compagnonnage, parfaitement naturel aux yeux du Français des Lumières.

La « décadence » n'a pas attendu 68 ou YouPorn : elle est au cœur de notre identité nationale depuis le Moyen Âge. Chez nous, « tout fout le camp » depuis des siècles. L'expression la plus noble de notre culture se vautre dans l'existence humaine avec le plus souverain mépris pour les récriminations de Tartuffe. Et, jusque-là, ce long « suicide français » ne nous a pas empêchés de rire, de créer, de produire. Les aigris, les frustrés, les prostrés ont toujours vu notre nation à l'article de la mort simplement parce qu'elle refuse de cesser de vivre, préfère le devenir à l'être, l'action mondaine au retrait monacal : « Je ne peins pas l'être. Je peins le passage : non un passage d'âme en autre, ou, comme dit le peuple de sept ans en sept ans, mais de jour en jour, de minute en minute. Il faut accommoder mon histoire à l'heure. » Montaigne, dans le troisième livre des *Essais*, livre la clé : « accommoder (notre) histoire à l'heure », épouser le présent, avoir toujours en tête que la vie est une rivière et qu'« on ne se baigne jamais deux fois dans le même fleuve » (Héraclite). Pareil rapport élastique, libre au monde et à sa propre identité peut choquer les prudes et les grincheux de notre époque, il n'en est pas moins profondément, indubitablement, irrémédiablement français.

Notre France est rabelaisienne, cartésienne, voltairienne : philosophique

L'esprit de Renart qui voyage à travers nos siècles prend mille et une figures, s'incarne dans mille et un patronymes. Certains d'entre eux marquent tellement notre histoire qu'ils deviennent des noms communs utilisés pour définir notre personnalité collective. Et, à nous écouter, à nous lire ou à écouter, à lire les étrangers parlant de nous, on remarque que les adjectifs les plus courants pour qualifier notre esprit sont dérivés de ces patronymes : « rabelaisien », « cartésien », « voltairien » semblent nous caractériser aux yeux des autres et aux nôtres mieux qu'aucun autre adjectif.

Personne ne qualifie spontanément les Espagnols de « cervantésistes » ou les Allemands de « kantiens ». Et lorsque l'on dit d'une œuvre ou d'une personne qu'elle est « shakespearienne », on caractérise moins l'esprit anglais que la dimension dramatique, spectaculaire d'un être ou d'une intrigue, sans considération pour de la nation dans laquelle il ou elle vit ou prend place. Au contraire, « rabelaisien », « cartésien », « voltairien » sont indissociables de la culture qui les a vus naître. Ils parlent de nous en tant que Français. Que nous disent-ils exactement de nous-mêmes ?

Ouvrons des dictionnaires. Rabelaisien : grivois, licencieux, truculent, outrancier, qui aime boire, rire, manger, embrasse la vie terrestre dans sa dimension la plus charnelle et choque les « bonnes mœurs » Se dit d'un certain esprit français ou « gaulois ». Cartésien : rationnel, logique, qui passe tout au crible de sa conscience, ne se laisse pas bercer d'illusions et refuse la superstition. Se dit d'un certain esprit français. Voltairien : libre, ironique, sceptique, qui se moque des croyances et des savoirs considérés comme intouchables, place la liberté de conscience et de ton au-dessus de tout et s'engage résolument dans la vie de la cité. Se dit d'un certain esprit français.

Par-delà les lieux communs, ces adjectifs évoquent des moments-clés de notre histoire intellectuelle. Quels sont leurs points communs ? Quel portrait dessinent-ils de notre nation ? En quoi parlent-ils de la France de 2016 ?

L'esprit rabelaisien

Le 11 janvier 2015 a lieu la plus grande manifestation de notre histoire. Bien plus massive que le défilé anti-Front national du 1er mai 2002, que le cortège du 13 mai 1968 ou que la célébration de la Libération de Paris. Le président, le Premier ministre, les chefs de parti, les leaders syndicaux, les dignitaires religieux ne font que se greffer sur un mouvement sorti des tréfonds de notre société. Chaque citoyen marche en son nom propre et au nom de l'idée qu'il se fait de la France. L'absence de slogan autre que « Je suis Charlie », loin d'être le signe d'une superficialité postpolitique, souligne le caractère extraordinaire de la mobilisation : le vocabulaire habituel des manifestations classiques est remisé au placard car un événement, au sens fort, se produit.

Le caractère inédit de la mobilisation et la violence des attentats qui l'ont précédée nous laissent aphones. Et, devant la difficulté à définir ce qui a lieu sous nos yeux, la tentation est forte de ramener l'événement dans l'ordre du connu, de lui appliquer des grilles de lectures préétablies. Emmanuel Todd qualifie ainsi, dans *Qui est Charlie ?*, les millions de manifestants de « cathos zombies » : loin d'être représentatives d'une France attachée aux libertés attaquées, les foules du

201

11 janvier seraient en réalité mues par une islamo-phobie rampante se parant des oripeaux de la laïcité pour exprimer son rejet de l'autre. Pour le démon-trer, le sociologue fait un usage étrange des cartes. Il voit ainsi dans les régions qui ont le plus manifesté (l'Ouest en particulier) des foyers d'intolérance iden-titaire alors même que ce sont celles qui votent le moins pour le Front national, se prononcent en faveur de l'Europe et soutiennent l'accueil des migrants (pourtant majoritairement musulmans).

La sociologie, d'autant plus lorsqu'elle est idéo-logiquement biaisée, permet moins que l'histoire de comprendre ce qui se passe en France le 11 janvier 2015. Seul celui qui explore notre passé prend conscience de la profondeur du lien qui nous unit aux caricaturistes assassinés. Car, ne nous mentons pas : les millions de manifestants du 11 janvier sont avant tout là pour Charb, Cabu, Wolinski et la part d'eux-mêmes qu'ils incarnent. Des « Nous sommes Juifs » ou « Nous sommes flics » fleurissent çà et là, mais les Français ne seraient pas sortis en si grand nombre pour les seules victimes de l'HyperCacher de la porte de Vincennes. Il n'y eut aucune mobilisation similaire pour les enfants de l'école Ozar-Hatorah de Toulouse en 2012 et le défilé du 26 février 2006 pour Ilan Halimi comptait une proportion déprimante de membres de la communauté juive. Il n'y aura pas non plus de manifestation massive en faveur des policiers après l'horreur de Magnanville en 2016.

Les Français marchent ce 11 janvier 2015 contre le terrorisme, mais aussi, très spécifiquement, pour ce que *Charlie Hebdo* représente. Le sens de « Je suis Charlie » sera dilué lorsque nous nous proclamerons ensuite « Kenyans », « Bruxelles », « Bataclan », « Gays » ou « Nice », en fonction des attentats... Le slogan originel n'en est pas moins une caractérisation adéquate de notre identité : nous, Français, sommes réellement « Charlie ». Alors que les médias anglo-saxons apposent aussitôt après l'attaque du 7 janvier un voile pudique sur les caricatures de Mahomet pour ne pas choquer les croyants musulmans, la France les érige en symboles. Et, le 11 janvier, les millions de manifestants ne brandissent pas uniquement des drapeaux tricolores, mais aussi des crayons et des dessins de l'hebdomadaire satirique. De quelle tradition nationale relève ce goût français du blasphème ?

Nous sommes en 1534. L'humanisme, venu d'Italie comme presque toutes les innovations de l'époque, s'implante au royaume de François Ier, au grand dam de l'Église. Il le fait d'une manière spécifiquement française, sous une forme très différente de ses origines transalpines. Son triomphe n'est pas assuré par un grand traité de philosophie néo-platonicienne comme c'est le cas à Rome ou Florence, ou par un chant d'amour à l'instar de ceux de Pétrarque. Il s'incarne chez nous dans les aventures rocambolesques de géants buveurs de vin et bouffeurs de curés : le *Gargantua* de François Rabelais.

L'Église a ses anges, êtres vivants dénués de chair, la France a désormais ses géants, aux corps surdimensionnés : difficile d'imaginer des fantasmagories plus opposées. Le prince de nos géants, Gargantua, naît au cours d'un banquet : sa mère ayant mangé trop de tripes, accouche « avant terme », après onze mois de grossesse. Les créatures de Rabelais sont des anti-anges : ils rotent, bouffent, pètent, volent les cloches des églises et noient Paris sous leur pisse. Leurs corps omniprésents, omnipotents, ont des besoins immenses, des pulsions extravagantes. Ils outrepassent toutes les limites : ce sont des existants caricaturaux quand les anges représentent l'âme libérée de tout ce qui fait nos vies profanes.

En deux ans, de 1532 à 1534, un médecin lyonnais, François Rabelais, publie donc deux romans, *Pantagruel* et *Gargantua,* qui deviennent les symboles d'un art de vivre, de penser, de manger, de boire, de baiser, et surtout de rire typiquement « français », une réhabilitation systématique de tout ce que toutes les Églises disqualifient comme péché. L'humanisme de Rabelais est une célébration de la part la plus humaine de l'homme : sa dimension charnelle. Il mêle les connaissances, les réflexions, les découvertes de son temps et la tradition médiévale du carnaval. «Vray est qu'ici peu de perfection/Vous apprendrez, si non en cas de rire» : né le jour de la Saint-Blaise, Gargantua traverse la vie comme un long mardi gras.

Le carnaval, rite essentiel du Moyen-Âge, est le moment de la grande revanche des corps sur les âmes, des passions sur la morale, du bas peuple sur les hiérarchies politiques, sociales, religieuses, l'espace-temps du rire désacralisateur et universel. Pendant vingt-quatre heures délirantes, à travers tout le pays, l'ordre du monde s'inverse, un âne se balade en chasuble, un prêtre se promène nu, des bourgeois s'aspergent littéralement de merde et de vomi. Des confréries comme celles de la Basoche de Paris, des Connards de Rouen ou des Sots de Dijon, organisent les festivités, précipitent tout ce qui est noble dans la fange et élisent les plus fous aux positions les plus hautes dans un immense éclat de rire dont la vocation est de se libérer de toutes les pesanteurs sociales, morales, religieuses.

Rabelais transforme ce rite désacralisateur en roman épique. Son ironie n'est pas celle d'un humaniste moquant du haut de sa moderne sagesse les tares de ses ennemis bigots et obscurantistes de

la très religieuse Sorbonne, les « sorbonagres » ou
« sorbonicoles ». « Pantagruel » et « Gargantua » ne
se contentent pas de faire triompher le Collège de
France des modernes, à peine créé par Guillaume
Budé, face à l'université classique ou à mettre en
scène le savoir nouveau terrassant les anciennes
croyances, le jour enterrant la nuit. Ils vont bien
plus loin dans le blasphème, emportent tout sur leur
passage, libèrent la conscience de *tous* les dogmatismes dans le même mouvement. Les nouveaux
autant que les vieux.

Dès le prologue de sa *Vie très horrifique de Gargantua,*
Rabelais annonce la couleur : « buveurs très illustres,
et vous vérolés très précieux (car à vous et nul autre
sont dédiés mes écrits), Alcibiade dans le dialogue de
Platon intitulé *Le Banquet…* » Rien ne nous choque
à première vue dans cette phrase introductive, mais
un lecteur éclairé du début du XVIᵉ siècle frôle la
crise cardiaque : le plus grand texte sur l'Amour
jamais écrit, *Le Banquet,* Livre saint par excellence
des humanistes, véritable bible de la Renaissance
italienne, se retrouve accolé à la vérole, la maladie
la plus vile qui soit. L'éloge antique le plus parfait,
le plus pur du sentiment amoureux est ramené sur
terre et pas n'importe où sur terre : au niveau d'une
maladie sexuellement transmissible. Le rire rabe-

laisien donne à la Renaissance française un parfum d'outrance, de difformité. De merde.

Il ébranle les utopies de l'esprit renaissant tout autant que les traditions médiévales. L'abbaye de Thélème que son géant construit pour accueillir et éduquer les esprits nobles de son temps et qu'il conçoit comme un antidote à la Sorbonne, un lieu de liberté, d'égalité, de fraternité préfigurant tous les mythes progressistes ultérieurs, n'échappe nullement à l'ironie universelle de Rabelais. Gargantua inscrit en gros à l'entrée de sa cité modèle : « Fais ce que voudras », une devise qui annonce l'ensemble des slogans libertaires qui marquèrent notre histoire jusqu'au « Il est interdit d'interdire » de Mai 68. Rabelais retourne la formule comme un gant : « Grâce à cette liberté, ils rivaliseront d'efforts pour faire tous ce qu'ils voyaient plaire à un seul. Si l'un ou l'une d'entre eux disait : "Buvons !", tous buvaient ; si disait "Jouons", tous jouaient, si l'un disait "Allons nous ébattre dans les champs", tous y allaient. »

La répétition à l'infini du même tourne au ridicule et les dogmes nouveaux s'avèrent aussi liberticides que les anciens. Le rire rabelaisien réintroduit la question dans ce qui semble résolu, désaccorde, désharmonise les visions du monde les plus cohérentes et donc les plus enfermantes, permet l'entredeux de Renart, ce « tiers lieu » qui est la seule terre

207

sur laquelle la liberté radicale peut fleurir. Il est l'expression paroxystique d'une tradition française qui court du carnaval moyenâgeux à *Charlie Hebdo* quasiment sans interruption. Oser se moquer de tout, voilà le moyen le plus sûr de savoir si l'on est réellement libre.

Nous sommes en décembre 1832 et nous lisons dans un café parisien le premier numéro du *Charivari* de Charles Philippon. L'ancêtre de *Charlie* est alors tiré à 200 000 exemplaires. En couverture, nous découvrons un bouffon et une satire du gouvernement de Louis-Philippe : « L'esprit de M. Barthe (le ministre de la Justice) ne paraît guère plus droit que ses yeux. Son âme louche aussi, et c'est dommage ! Ce serait bien assez d'une de ces deux imperfections pour un seul individu ; mais M. Barthe est l'ami du cumul. » *Le Charivari*, titre emprunté aux rites carnavalesques médiévaux, moque le physique des dirigeants, ridiculise la religion, se fout des puissants comme des humbles. Il se permet tout, conscient de choquer et, en choquant, de défendre les libertés communes.

La « profession de (non-)foi » de ce premier numéro pose le journal en rempart « offensif » de « notre si mobile société », rappelle que le monde, cette « branloire pérenne » dont parlait Montaigne, est en mouvement permanent, que ce qui est « haut » aujourd'hui peut se retrouver « bas » demain, qu'il n'y a donc de sacré que la liberté de rire de tous les sacrés. Voilà ce que l'adjectif « rabelaisien » désigne : l'exploration désinhibée de nos libertés philoso-phiques, morales, politiques, sexuelles. Le rire de l'homme qui assume son irréductible ambivalence et l'impermanence fondamentale des choses est le garant, le moteur le plus puissant, l'expression la plus aboutie de cette liberté qui trône en tête du triptyque républicain inscrit sur nos bâtiments publics.

L'esprit cartésien

Nous, jeunes Français de 2016, sommes livrés à nous-mêmes. L'univers de nos parents – les Trente Glorieuses, la paix, la croissance, l'idée de progrès – est en ruines. Ce que nous avons appris ne nous prépare pas au monde instable dans lequel nous sommes projetés. Nous sommes perdus au milieu d'une forêt dense et sombre, sans carte ni étoile polaire pour nous guider. Ne sachant plus par quel chemin nous sommes arrivés là, nous ignorons quelle direction prendre pour en sortir. Si nous essayons tant bien que mal d'avancer, rien ne nous garantit que nous ne tournons pas en rond. La terre et le ciel sont muets. Que faire ?

D'abord, ne pas paniquer : nous ne sommes ni les premiers ni les derniers à ressentir cela. Il s'agit même d'une très vieille tradition française. La scène que je viens de décrire n'est pas tirée d'un film générationnel contemporain comme le *Blair Witch Project*, mais d'un manifeste philosophique de 1637 qui révolutionna notre rapport au monde et le monde lui-même : le *Discours de la méthode* de René Descartes.

L'adjectif « cartésien » désigne communément un être guidé par la seule raison : c'est le bon Français Campana, Gérard Depardieu dans *La Chèvre*, qui s'exclame : « Je ne crois pas à la magie, Perrin, je suis cartésien, rationnel ! » alors que Pierre Richard s'enfonce dans le sol sans cause apparente. Limiter pareille saillie – « je suis cartésien, rationnel ! » – à une éthique de comptable, à un esprit de marchand de tapis ou à la prudence d'un père de famille, rate la radicalité du geste qui génère ce terme. Pour l'appréhender, il nous faut revenir au 8 juin 1637, jour de la publication du *Discours de la méthode*, replonger dans ce moment où notre esprit devient « cartésien ».

La France sort à peine de sa grande querelle dogmatique et l'Europe est empêtrée dans la guerre de Trente Ans, sanglante transposition continentale de nos guerres de Religion nationales. Le cosmos antique, les certitudes anciennes et les postulats modernes s'effondrent sous les yeux de celui qui ose « parcourir le grand livre du monde ». Descartes délaisse très tôt les leçons de ses professeurs, part voir la guerre à défaut de la faire vraiment, tel Fabrice Del Dongo dans la *Chartreuse de Parme* de Stendhal. Puis, las d'observer les hommes s'entre-égorger au nom de dogmes branlants, il se réfugie près d'un poêle dans une chambre à Amsterdam.

Seul face aux ruines de l'univers et de ses propres croyances, il plonge en lui-même et remet en cause tous les savoirs préexistants : « Il fallait que je rejetasse comme absolument faux tout ce en quoi je pourrais imaginer le moindre doute. » La « méthode » cartésienne du « doute hyperbolique » est « le point de départ radical » de la modernité européenne selon Husserl et le lancement « héroïque » de l'histoire philosophique universelle selon Hegel. C'est aussi la source du bon sens de Campana.

« Me tenant comme je suis, un pied dans un pays et l'autre en un autre, je trouve ma condition très heureuse, en ce qu'elle est libre » : exilé volontaire, Descartes invite à larguer les amarres et à rompre les liens – ces fameux *delos* identitaires si chers à nos Tartuffes – qui nous empêchent de penser véritablement, c'est-à-dire de tout reprendre à zéro. Il opère une « conversion du regard », du Ciel, du Monde, des Idées, des Essences, des Choses, de la Terre, vers ce « moi » qui les perçoit, les voit, les imagine, les

211

conçoit : « *in se conversa* », écrit-il dans *Méditations*, retrouver en soi la source du savoir.

Le renversement qui a lieu dans cette chambre hollandaise, auprès du poêle le plus célèbre de la littérature mondiale, à l'intérieur de cette conscience française, est plus qu'une simple prise en compte de l'état chaotique du monde. Descartes ne se contente pas d'observer les ruines existantes, il entreprend de systématiquement détruire ce qui tient encore debout. Toute pensée doit avoir comme point de départ l'annihilation de ce qu'elle n'a pas produit, admis, consenti elle-même, le rejet de tout héritage non critiqué, disséqué, digéré.

À la source de l'esprit « cartésien » devenu synonyme de « raisonnable », il y a un acte de violence révolutionnaire. Pour devenir « rationnel » comme Campana, l'homme cartésien doit d'abord connaître le trouble. Il est face aux choses, aux idées, aux traditions comme l'enfant face à des Lego : il déconstruit puis reconstruit, pour comprendre comment la maison tient debout. Il est comme l'œil humain tel que Descartes l'analyse dans son *Traité sur la dioptrique* : la vue, selon lui, n'est pas une photocopie du réel, mais sa destruction, son émiettement, et sa reconstitution en et par chacun de nous. Nous ne recevons aucune information passivement : notre œil déconstruit et reconstruit sans cesse. Cette approche conduit Descartes à proclamer admirer une estampe de jardin précisément parce qu'elle ne « ressemble » à aucun jardin et qu'on sent en la regardant le travail de l'œil qui voit le jardin, inventant ainsi il y a près de quatre cents ans le rapport déconstructeur ou analytique au monde de l'art contemporain que tant d'entre nous ont encore du mal à saisir en 2016.

Rien n'échappe à la conscience cartésienne et à son entreprise de démolition/reconstruction, pas même Dieu qui se voit réduit à l'hypothèse d'un « malin génie ». Point de nihilisme dans cette expérience destructrice : Descartes s'emploie ensuite à reconstruire. Mais pour continuer véritablement ce dont nous héritons, à notre manière, selon nos besoins, nos convictions, nos découvertes, il nous faut d'abord nous en émanciper. Faire l'expérience de la forêt et des ruines. Introduire entre nous et le monde, nous et le passé, nous et nous-mêmes cette distance critique du rire rabelaisien ou du doute cartésien, deux gestes à première vue fort dissemblables qui aboutissent à une identique libération de la conscience.

J'ai été élevé dans le culte de ce moment cartésien de mise en suspens du monde dans lequel on s'éveille. Enfant, entre les aventures de Gargantua et celles de Candide, mon père me racontait comme une épopée le *Discours de la méthode*. Descartes prenait à mes yeux la figure d'un héros de cape et d'épée que je

213

n'allais pas retrouver dans le portrait que m'en dres-
seraient plus tard mes professeurs de philosophie : les
aventures de Descartes contre les choses sensibles,
contre les monstres imaginaires, contre la théologie,
contre la métaphysique, contre les dogmes, contre
Dieu Lui-même et l'univers avec Lui. Lorsque je lui
annonçai avoir enfin lu le *Discours*, j'entends encore
mon père me dire en riant : « Ça y est, tu es français. »

L'expérience de la conscience perdue au cœur
d'une forêt dense et sombre – avec ou sans lecture
du *Discours* – est en France un rite de passage.
Sans elle, on se limiterait à ressasser ce qu'on nous
a appris, transmis, dans une éternelle répétition du
même qui ne permettrait aucune poursuite véritable
du récit français. Ce moment cartésien se reproduit
à chaque génération, transformant notre histoire en
une longue série de ruptures. Ces ruptures – révolutions politiques, bouleversements littéraires, éruptions
sociales, déflagrations morales – forment la continuité
paradoxale de notre récit national, l'esquisse d'une
personnalité philosophique française.

Le *Discours de la méthode* est le premier, le plus
grand sans doute des innombrables manifestes géné-
rationnels qui forgent notre patrimoine culturel.
L'Ancien Monde n'est plus, le nouveau n'existe pas
encore : chaque génération française a l'impression
de naître dans les ruines de Descartes. Le « doute

hyperbolique » et le « *in se conversa* » se répètent et chaque époque a son geste d'abolition des croyances préétablies, de rejet de ce qui précède et de ce dont on hérite. Au grand dam des esprits conservateurs de chaque siècle.

« Alors il s'assit sur un monde en ruines une jeunesse soucieuse » : nous sommes en 1836, la Révolution et l'Empire ont ébranlé les bases de l'Ancien Monde sans poser encore celles du nouveau, une génération « désœuvrée », « inadaptée » erre – expérience unique à ses yeux – dans une forêt sombre et dense sans savoir vers où ni comment s'y rendre. Elle doute de tous, de tout, de l'univers comme d'elle-même et Alfred de Musset publie *La confession d'un enfant du siècle* : « Trois éléments partageaient donc la vie qui s'offrait alors aux jeunes gens : derrière eux un passé à jamais détruit, s'agitant encore sur ses ruines, avec tous les fossiles des siècles de l'absolutisme ; devant eux l'aurore d'un immense horizon, les premières clartés de l'avenir ; et entre ces deux mondes... quelque chose de semblable à l'océan qui sépare le vieux continent de la jeune Amérique, je ne sais quoi de vague et de flottant, une mer houleuse et pleine de naufrages. [...] Le présent, l'esprit du siècle, ange du crépuscule, qui n'est ni la nuit ni le jour ; ils le trouvèrent assis sur un sac de chaux plein d'ossements. »

Autre époque, autre voix, même message : nous sommes cette fois en 1931, la guerre de 1914 puis la crise de 1929 ont ébranlé les bases de l'ancien monde sans poser celles du nouveau, une génération « désœuvrée », « inadaptée » erre dans une forêt dense et sombre – expérience inédite à ses yeux – sans savoir vers où aller ni comment s'y rendre. Elle doute de tout, de tous, de l'univers comme d'elle-même et Paul Nizan publie *Aden Arabie* : « J'avais vingt ans. Je ne laisserai personne dire que c'est le plus bel âge de la vie. Tout menace de ruine un jeune homme [...]. À quoi ressemblait notre monde ? Il avait l'air du chaos que les Grecs mettaient à l'origine de l'univers. »

Nous pourrions citer cent textes différents parlant de vingt ou trente générations successives et exprimant la même rupture. Les plus belles pages de la littérature française racontent l'éveil à un monde en ruines d'une conscience privée de boussole. Qu'y a-t-il de commun entre le romantisme désabusé de Musset, la colère révolutionnaire de Nizan et le rationalisme cartésien ? Cette expérience de la forêt qui reproduit l'acte de naissance renardien de notre identité. Notre littérature est une plongée sans cesse répétée dans notre trouble originel. Si le *Bildungsroman* – l'équivalent allemand de notre « roman d'apprentissage » – glorifie l'arrivée dans

216

l'âge adulte, la crise d'adolescence s'impose chez nous comme le moment de vérité. Le chemin tortueux compte plus que la destination finale. Peu importe le « ils se marièrent et eurent beaucoup d'enfants » : la sortie de la forêt importe moins que l'égarement lui-même et l'attitude qu'il exige de nous. Descartes nous a légué notre maxime de vie publique : « Tout recommencer dès le fondement. »

Pareille remise des compteurs à zéro est la condition de la liberté, de l'égalité et de la fraternité. Dans la forêt et dans les ruines, les servitudes héritées, les hiérarchies traditionnelles, tout ce qui nous enferme dans notre condition sociale et nous sépare les uns des autres est aboli, ou du moins suspendu le temps de la révolte. Nos consciences font l'expérience de leur nudité respective et découvrent leur similarité. L'autre devient un alter ego, partageant le même rejet des savoirs et des pouvoirs préétablis. Le philosophe tchèque Patocka parle de « solidarité des ébranlés » : la fraternité républicaine se fonde sur le geste de rupture des consciences cartésiennes faisant l'expérience de leur liberté et de leur égalité.

Nous sommes tous capables du *cogito*. Et chaque *cogito* est égal à l'autre. C'est ce que nous dit Descartes lorsqu'il écrit que « le bon sens est la chose du monde la mieux partagée ». Cette phrase citée à toutes les sauces ne signifie pas que tous les hommes soient raisonnables et agissent conformément au bon sens, mais que tous les hommes sont capables ou incapables à égalité de se guider seuls dans la forêt, avec leur conscience comme seule boussole. La pensée démocratique française part de ce postulat du « bon sens » universellement « partagé », de l'idée que nous sommes tous aussi perdus les uns que les autres lorsque nous entrons dans le monde et qu'il n'y a donc pas lieu de donner plus de poids au vote de Stendhal qu'à celui de son boulanger. Cette foi dans l'idée révolutionnaire que, par-delà les différences d'habits, de conditions, de richesses, d'apparences et d'apparats, toutes les consciences sont libres et égales fut le moteur de notre Histoire et l'origine de cette inscription de l'Égalité au centre de notre triptyque républicain sur le fronton de chacun de nos bâtiments publics.

L'esprit voltairien

« L'intello » imposant sa « bien-pensance-droit-de-l'hommiste », les réseaux sociaux abolissant les hiérarchies du dire comme du savoir, transformant chaque citoyen en « philosophe de comptoir », la dérision érigée en norme, les « élites mondialisées » traversant les frontières physiques ou mentales comme si elles allaient acheter du pain au coin de la rue : toutes ces

« horreurs » ont une souche commune, une maladie française incurable appelée « voltairianisme ». De quoi s'agit-il exactement ?

Acte I : Nous sommes le 30 mars 1778, dans la bien nommée Comédie-Française. François-Marie Arouet, au crépuscule de sa vie et au zénith de sa gloire, a obtenu l'autorisation de revenir à Paris après vingt-huit ans d'exil pour assister à la représentation de sa dernière tragédie, *Irène*. À son entrée dans sa loge, le public se lève et l'applaudit de longues minutes. Brizard, le doyen des artistes, vient lui poser une couronne sur la tête. Le vieil homme malade sourit à son public, retire lentement la couronne et verse quelques larmes. À la fin de la pièce, son buste est apporté sur scène et couronné à la manière des statues des empereurs romains. Des milliers d'anonymes l'attendent à la sortie du théâtre pour le ramener chez lui à la lumière des flambeaux : Paris fête son roi, infiniment plus aimé et désormais plus puissant que celui de Versailles. La France se sait, se dit, se célèbre « voltairienne » en ce 30 mars 1778. Comment un jeune poète mondain a-t-il pu à ce point incarner l'esprit d'un peuple ? En quoi son sacre dit-il quelque chose d'essentiel sur l'identité française ?

Acte II : Nous sommes le 17 avril 1726, dans la tristement célèbre prison de la Bastille. Voltaire est la star naissante des salons parisiens et un provocateur hors pair. Il est arrêté pour un différend plutôt banal avec le chevalier Guy Auguste de Rohan-Chabot. L'héritier de l'une des plus illustres familles du royaume l'avait apostrophé à la Comédie-Française (déjà) : « Monsieur de Voltaire, Monsieur Arouet, comment vous appelez-vous ? » Il répliqua : « Voltaire ! Je commence mon nom et vous finissez le vôtre. » De rebondissement en rebondissement, cette querelle le conduit en cellule. La police, ne voulant pas en faire un martyr, lui propose en ce jour décisif d'avril de choisir entre un long enfermement et un départ forcé pour l'Angleterre. Voltaire n'hésite pas une seconde et embarque aussitôt. Croyant se débarrasser d'un salonard provocateur, la monarchie forge à cet instant le destin qui la précipitera dans la tombe. Un simple bon mot fait donc basculer Voltaire dans l'Histoire.

Car la découverte des libertés anglaises est une révélation. Alors que les Français – il est bien placé pour le savoir – vivent sous la menace des lettres de cachet, l'Habeas Corpus Act et la Déclaration des droits de 1689 protègent les citoyens anglais contre les abus de l'État. La tolérance religieuse et l'intensité du débat public londonien fascinent Voltaire. Présent en 1727 aux obsèques solennelles de Newton à l'abbaye de Westminster, lieu de couronnement et de sépulture des rois et des reines, il ne peut s'empêcher de se dire que Descartes, l'équivalent pour nous de Newton, n'aurait certainement pas été enseveli à Saint-Denis aux côtés de nos rois et de nos reines, que l'Église et l'État ne l'auraient jamais accepté et que, de toute façon, l'auteur du *Discours de la méthode* avait dû partir à Amsterdam pour écrire librement.

L'homme de lettres se mue alors en philosophe politique et s'attelle à l'écriture d'une œuvre qui bouleverse la France et l'Europe : les *Lettres anglaises* ou *Lettres philosophiques*. Publiées en 1734, elles se vendent aussitôt à plus de 20 000 exemplaires, chiffre énorme au début du XVIIIe siècle. Condamnées par le parlement de Paris, brûlées en place publique, elles font de Voltaire, tout juste revenu en France, l'icône de Lumières encore balbutiantes. Faisant l'apologie des libertés britanniques, elles se livrent en miroir à une critique féroce de la monarchie, de l'Église, du conservatisme moral et social français.

Comme dans le cas de Descartes, l'exil transforme un jeune surdoué en conscience majeure de son siècle. Nos plus grands hommes, ceux qui ont su le mieux exprimer et représenter l'esprit français, ont tous fait l'expérience du déracinement. Descartes a « parcouru le grand livre du monde » avant de s'installer en Hollande, Voltaire a dû s'établir en Angle-

terre avant de vivre en Prusse et à Genève, Hugo
a fui le coup d'État de Louis Napoléon Bonaparte
en Belgique puis à Jersey, de Gaulle est devenu de
Gaulle en arrivant à Londres... Comme si se libérer
de la France dite « réelle » permettait de mieux appréhender et incarner son esprit.

Le plus « français » des siècles, le XVIIIe, fut aussi le
plus radicalement cosmopolite. La liberté de ton et
d'esprit « voltairienne » que l'on revendique comme
un étendard suppose la capacité de s'étonner de nos
habitudes, de mettre en suspens nos certitudes, une
forme de nomadisme. Voltaire s'installe finalement à
Ferney, lieu reculé qu'il transforme en capitale des
Lumières. Il y reçoit les esprits allemands, anglais,
russes, italiens, suisses les plus en vue. « J'ai été
pendant quatorze ans l'aubergiste de l'Europe », écrit-
il à madame du Deffand, conscient d'avoir contribué
à l'émergence d'une « république européenne des
lettres ».

Voltaire est un citoyen global avant l'heure. Il porte
l'esprit français à son paroxysme précisément parce
qu'il abolit les frontières que nous chérissons tant
aujourd'hui. En 2016, notre scène intellectuelle est,
en comparaison, incroyablement provinciale. Nous
débattons sans étudier ni lire ce qui s'écrit, se fait,
se dit à l'étranger, nos auteurs les plus en vue sont
– hormis Houellebecq et Carrère – fort peu traduits

et plutôt méconnus hors de l'Hexagone. En devenant exclusivement « français », nous cessons de l'être.

Acte III : Nous sommes le 31 janvier 1759. À Bruxelles et Amsterdam paraît *Candide ou l'Optimisme* de Voltaire. Des dizaines de milliers d'exemplaires sont vendus à Paris dans les mois qui suivent. Mis à l'index, le conte est le best-seller des Lumières, réédité vingt fois et traduit dans quinze langues du vivant de son auteur. Rien n'échappe à l'entreprise de destruction et de dérision du conte : les fois, les pouvoirs, les savoirs sont mis en pièces. Comme celui de *Gargantua*, le rire de *Candide* est universel. La première cible est la philosophie elle-même. Pangloss, celui dont la parole dit tout (pan-gloss), n'est pas l'incarnation d'un passé moyenâgeux à proscrire. Il représente l'ensemble des prétentions présentes et à venir de la raison humaine s'affirmant infaillible.

Les idées, les statuts, les dogmes sont projetés de force dans le monde. Candide écoute un orateur protestant exalter la charité et s'approche de lui pour lui demander l'aumône. Le prêcheur l'interpelle : « Croyez-vous que le Pape soit l'Antéchrist ? » Il répond : « Je ne l'avais pas entendu dire, mais qu'il le soit ou pas, je manque de pain. » Le « pain », ou plutôt le « manque de pain » est le pavé lancé dans la mare des constructions métaphysiques, le retour du

réel refoulé, la ruine de toutes les prétentions dogmatiques. *Candide* abolit les tours d'ivoire et les châteaux
de cartes au nom de l'obligation d'être au monde, au
monde tel qu'il est et non tel qu'on voudrait qu'il fût.

Les professeurs les plus sérieux renâclent en 2016 à
enseigner Voltaire en cours de philo : trop impur, trop
peu distant, trop peu « philosophique ». Quoi de plus
normal quand on voit à quel point l'auteur de *Candide*
ridiculisa leurs prétentions ? La philosophie française
a ceci de particulier depuis Montaigne qu'elle ne se
sépare ni de la littérature ni de la vie sociale. Philoso-
pher en France, c'est penser *dans* le monde, non pas
au-dessus de lui, viser un impact immédiat, direct sur
le cours des choses.

Voltaire en est tellement convaincu qu'il doute de
l'utilité de l'*Encyclopédie* et écrit à son ami d'Alembert : « Jamais vingt volumes in-folio ne feront la révolution, ce sont les petits livres portatifs à trente sous
qui sont à craindre. » Socrate dialoguait avec tous, y
compris les esclaves. Voltaire s'inscrit dans sa filiation
et écrit au marquis de Villevieille : « Il y a des philosophes jusque dans les boutiques de Paris. » *Candide*,
c'est la philosophie rognant ses prétentions pour
entrer dans les « boutiques ». Et « faire la révolution ».

Acte IV : Nous sommes le 9 mars 1762, à Toulouse.
Accusé à tort d'avoir tué son fils pour l'empêcher de

se convertir au catholicisme, le marchand protestant Jean Calas est roué vif, étranglé, puis brûlé devant une foule fanatisée. Voltaire, lorsqu'il apprend la nouvelle, mène l'enquête et décide de faire de ce cas la grande bataille de son siècle contre l'intolérance religieuse. Dès le 4 avril, il appelle les consciences éclairées à l'insurrection : « Mes chers frères, il est avéré que les juges toulousains ont roué le plus innocent des hommes. Jamais depuis la Saint-Barthélemy, rien n'avait tant déshonoré la nature humaine. Criez, et qu'on crie ! » Il écrit plus de cinq cents lettres à tout ce qui compte sur le continent : « J'entends soulever l'Europe entière pour que ses cris tonnent aux oreilles des juges. » Son combat contre les parlements, l'Église et le roi lui-même conduit à la réhabilitation post-mortem de Calas le 9 mars 1765. Louis XV doit même recevoir sa veuve et présenter des excuses publiques.

Jamais dans l'histoire de France l'opinion n'avait contraint l'État à faire acte de repentance. Les « affaires » voltairiennes deviennent les moments-clés de la vie publique française : l'affaire Calas sera suivie par l'affaire Sirven, puis, surtout, l'affaire du cheva-lier de La Barre. Nous sommes le 28 février 1766, un jeune homme de dix-neuf ans est condamné par le présidial d'Abbeville pour « impiété, blasphèmes, sacrilèges exécrables et abominables » à avoir la langue tranchée, être décapité et brûlé en place publique. Son crime, selon les attendus du jugement, est d'« avoir passé à vingt-cinq pas d'une procession sans ôter son chapeau qu'il avait sur sa tête, sans se mettre à genoux, d'avoir chanté une chanson impie, d'avoir rendu le respect à des livres infâmes au nombre desquels se trouvait le dictionnaire philosophique du sieur Voltaire ». Le chevalier de La Barre est torturé puis exécuté le 1er juillet 1766. On lui cloue un exemplaire du *Dictionnaire philosophique* de Voltaire sur le torse avant de balancer son corps au bûcher.

L'auteur de *Candide* réédite alors le *Dictionnaire* en question en y ajoutant l'entrée « Torture » : « Lorsque le chevalier de La Barre fut convaincu d'avoir chanté des chansons impies, et même d'avoir passé devant une procession de capucins sans avoir ôté son chapeau, les juges d'Abbeville, gens comparables aux sénateurs romains, ordonnèrent, non seulement qu'on lui arrachât la langue, qu'on lui coupât la main, et qu'on brûlât son corps à petit feu ; mais ils l'appliquèrent encore à la torture pour savoir combien de chansons il avait chantées, et combien de processions il avait vues passer, le chapeau sur la tête. » Il signe désormais ses lettres « Ecr. L'inf. », pour « Écrasons l'infâme », et transforme Ferney en capitale de la lutte globale contre le fanatisme : « Qu'on laisse ce monstre en liberté, qu'on cesse de couper ses griffes et de briser ses dents, que la raison si souvent persécutée se taise, on verra les mêmes horreurs qu'aux siècles passés ; le germe subsiste : si vous ne l'étouffez pas, il couvrira la terre. » Face au fanatisme, Voltaire promeut ce qui deviendra le troisième élément de notre sainte trinité républicaine : la fraternité.

Acte V : Nous sommes un siècle plus tard, le 6 août 1882. Paul Bert, ministre de l'Instruction publique et des Cultes, inaugure la grande fête des bibliothèques populaires du Trocadéro, rassemblant des centaines d'associations qui entendent promouvoir l'idéal républicain en donnant aux masses un accès gratuit à la lecture. Le slogan à l'entrée – « pour la patrie, par les livres et par l'épée » – est éloquent. Les messages des stands sont limpides : « Lire Voltaire prémunit contre le fanatisme ». Le ministre voit dans l'instruction publique une évangélisation républicaine : « Il faut que nous fassions pour l'école ce que nos pères faisaient pour leurs églises. » Le programme de la IIIe République est résumé : tous les enfants doivent accéder au savoir qui permet la citoyenneté. Dans ce cadre, la philosophie tient lieu de théologie républicaine.

Voltaire et Descartes ont triomphé. Chaque génération de citoyennes et de citoyens doit passer, magnifique singularité française, une épreuve de philosophie au baccalauréat conçue comme un rite d'initiation à l'exercice de son libre arbitre et de l'autonomie de sa raison.

Nous sommes le 15 juin 2016 à neuf heures du matin, des centaines de milliers de jeunes Français se torturent les méninges sur des sujets aussi variés que « Pour être juste, suffit-il d'obéir aux lois ? » (filière technologique), « Le désir est-il par nature illimité ? » (série L), « Pourquoi avons-nous intérêt à étudier l'histoire ? » (série ES) ou « faut-il démontrer pour savoir ? » (série S).

Chaque année depuis 1997, année de mon bac, nous avions l'habitude avec mon père de nous asseoir dans son salon et, sitôt les sujets connus, de nous amuser pendant des heures à trouver des problématiques, élaborer des plans, juste pour nous, pour le plaisir de la réflexion. Pour célébrer aussi ce pays qui eut le courage d'ériger le doute cartésien au-dessus des certitudes dogmatiques à réciter par cœur. C'était notre manière de dire merci à la France, de lui rendre hommage, notre levée de drapeau à nous qui n'avons jamais été très cocardiers... Ce 15 juin 2016, je suis seul dans le salon familial, mais je perpétue la tradition, opposant les lois morales d'Antigone aux lois positives de Créon avec les lycéens de techno, explorant la part de l'intuition dans la formation de tout savoir, même le plus rationnel, avec nos futurs scientifiques, continuant enfin, à écrire ce livre avec les terminales économiques et sociales : « Pourquoi avons-nous intérêt à étudier l'histoire ? » Pour appréhender la portée de ce que nous faisons, tous ensemble, ce mercredi 15 juin 2016 au matin, pour en saisir le sens, la nécessité. Pour savoir ce qu'être « rabelaisien », « cartésien », « voltairien » ou « français » veut dire.

Un champ de bataille

« Les semences qui sont mères de toutes choses
Retourneront encor' à leur premier discord,
Au ventre du Chaos éternellement closes. »

Joachim Du Bellay

Rabelais, Descartes, Voltaire n'ont pas pris la forme
d'adjectifs qualifiant l'esprit français parce qu'ils
furent l'objet d'un consensus. Loin de faire l'unani-
mité de leur vivant, ils incarnèrent au contraire des
ruptures radicales dans notre histoire. Ils épousèrent
la grande faille qui structure notre ADN, portèrent le
débat national à un niveau d'incandescence inégalé.
Nous, Français, n'avons jamais été et ne serons
jamais d'accord sur ce que nous sommes. Le *Roman
de Renart* l'affirmait dès son prologue, annonçant « la

grande guerre qui ne finira jamais de Renart et Ysen-grin ». Cette « guerre » sans fin a façonné la France.

Comme personne ne peut figer dans le marbre une fois pour toutes ce qu'être français veut dire, notre espace public ressemblera toujours à ce « champ de bataille » qu'est la métaphysique selon Kant, un ring sur lequel politiques, syndicalistes, écrivains, artistes, citoyens sont appelés à combattre pour imposer leur propre vision de notre identité commune. Il n'y a, dans ce combat, ni arbitre, ni règles préexistantes et donc point de vainqueur définitif ou de résultat incontestable. « Les Français aiment tellement la guerre qu'ils ne cessent de la pratiquer entre eux en temps de paix » souligne Balzac. La querelle iden-titaire est chez nous un art de vivre et de se vivre comme Français.

Lassés de nos incessantes polémiques, des intel-lectuels et des gouvernants tentent régulièrement de siffler la fin du match. Le rêve d'une grande coalition à l'allemande que Daniel Cohn-Bendit expose dans *Et si on arrêtait les conneries ?* et la tentation « Juppé » ou « Macron » d'une grande partie des élites fran-çaises sont autant de désirs sans cesse déçus d'un consensus chez nous introuvable. Le gouvernement des « meilleurs » de gauche et de droite enfin réunis laisserait au Front national le monopole de l'opposi-tion, offrant sur un plateau à Marine Le Pen la chance d'incarner la possibilité du conflit, donc la poursuite de notre Histoire. Car notre Histoire est d'abord cela : un conflit. Un dissensus.

Se lamenter des saillies de Buisson et Zemmour est inutile. Il y a toujours eu des Buisson et des Zemmour, souvent des plus doués et des plus radicaux. Leur existence pose moins problème que l'absence de réplique cohérente à leurs diatribes. Peu nous importerait le nombre de supposés « tabous » qu'ils prétendent « briser » si les tenants de la France universaliste, cosmopolite ou existentialiste n'étaient pas dans un tel état de décrépitude idéologique. Nous n'aurions pas recours aux procès et aux juges si nous avions encore le goût et le courage du combat. Le danger n'est pas que leur France soit représentée, c'est que nous ayons cessé de représenter la nôtre.

Plusieurs visions de la France s'affrontent depuis toujours. Celle que j'ai esquissée dans ces pages est loin d'être la seule. Il ne s'agit pas ici de dire ce qu'est *la* France, mais ce qu'est *notre* France. L'identité d'un individu n'est jamais univoque ou immuable. Celle d'un peuple l'est encore moins. Elle est le résultat sans cesse changeant de combats, de débats, de luttes. Revenir aux sources de l'identité française, ce n'est pas retrouver une vérité première et incontestable de notre être, c'est au contraire revisiter ce qui forme

le point de départ et d'arrivée de toute chose : cette
« guerre qui ne finira jamais de Renart et Ysengrin ».

« La vérité est en marche et rien ne l'arrêtera » :
nous sommes le 13 janvier 1898 et les vendeurs du
journal *L'Aurore* crient dans tout Paris : « Le "J'accuse" d'Émile Zola », « Zola accuse le gouvernement »,
« Zola accuse l'armée »... Ils écoulent des centaines de
milliers d'exemplaires en quelques heures. « Quand
on enferme la vérité sous terre, elle s'y amasse, elle
y prend une force telle d'explosion que, le jour où
elle éclate, elle fait tout sauter avec elle » : le « cri de
l'âme » de l'écrivain est un tremblement de terre. Rien
de ce qui fonde l'État ne lui échappe, ni armée, ni le
pouvoir exécutif, ni les institutions judiciaires... Les
coupables sont nommés, le procès anticipé, l'auteur
doit fuir en Angleterre et la France se scinde en deux.
L'explosion du 13 janvier 1898 couve depuis
trois ans. Depuis l'arrestation d'un capitaine juif
sans histoire, Alfred Dreyfus, accusé à tort d'avoir
transmis aux Allemands les plans du nouveau canon
de 75. D'abord indifférente, l'opinion s'empare
peu à peu du cas, puis, après le coup de tonnerre
de *L'Aurore*, s'en saisit frénétiquement, plongeant
dans une guerre civile symbolique que l'on nomme
depuis un siècle « l'Affaire », sans même avoir à
mentionner le nom de Dreyfus. Péguy voit dans le

J'accuse de Zola une « prophétie », un événement « mystique » réduisant à l'impuissance tout ce qui lui préexiste et obligeant chaque citoyen à décider, « en son âme et conscience », seul et nu, de quel « côté de la barricade » il entend se trouver. À prendre parti. Car la « neutralité » – Péguy vise alors les socialistes comme Guesde qui refusent à la différence de Jaurès de choisir « entre deux camps bourgeois » – est tout simplement « impossible, invivable, intolérable ».

J'ai lu des dizaines de chronologies de l'histoire de France pour préparer ce voyage au cœur de notre identité et une chose m'a sidéré : entre 1897 et 1906, les trois quarts des dates politiques, sociales, littéraires marquantes de notre histoire concernent directement ou indirectement l'affaire Dreyfus. Les gouvernements tombent, les ministres démissionnent, les partis se fractionnent, le mouvement ouvrier se disloque, les associations se créent (La Ligue des droits de l'homme par exemple), les écrivains publient, les citoyens manifestent autour du cas d'un seul homme. Le pays s'arrête de vivre ou plutôt ne vit plus que pour débattre, juger, décider de la culpabilité ou de l'innocence d'un individu et, en retour, de celle de l'État dans son ensemble.

Loin d'être le signe d'un quelconque atavisme antisémite, cette gigantesque fracture nationale est la preuve du contraire : partout en Europe des juifs sont

accusés à tort, arrêtés, maltraités, persécutés et il n'y a
que chez nous que cela bouleverse l'ordre des choses.
Mais ce qui est le plus riche d'enseignements sur la
France dans l'affaire Dreyfus, c'est moins l'objet de
l'emballement – le Juif, l'injustice – que l'emballement
lui-même, moins le nom de « Dreyfus » que celui
d'« Affaire », notre capacité à transformer un cas individuel en question nationale scindant partis, familles,
classes ou Églises.

À partir d'un cas particulier, toute l'histoire de
France semble se rejouer. À Clovis répond Voltaire,
à Bodin on oppose Descartes. Accusés de s'attaquer
à « l'âme de la nation », les dreyfusards se réclament
du *cogito*. Face aux tenants de la raison d'État, Darlu,
le professeur de philosophie de Proust, en appelle
aux « sources de l'esprit français » : « Toutes les fois
que nous réfléchissons sur les choses de l'univers,
notre pensée, voyez-vous, a son centre dans notre
conscience individuelle (c'est l'indépassable *cogito*
cartésien) et notre jugement y prend la mesure
du monde. Rien ne nous y fera jamais renoncer. »
Chaque camp se veut l'incarnation de la France.
Chaque camp a « sa » France.

Si la guerre des dreyfusards et des antidreyfusards
est la plus célèbre de ces éruptions volcaniques françaises, ce n'est ni la première, ni la dernière. Zola, le

13 janvier 1898, s'inscrit évidemment dans les pas
de l'affaire Calas. Le « Criez et qu'on crie » voltairien est un slogan national remis au goût du jour à
intervalles réguliers. Il préexiste à Voltaire lui-même
et anime déjà l'affaire Théophile de Viau au début
du XVIIᵉ siècle. Accusé d'être l'auteur de vers licencieux, immoraux et blasphématoires dans le recueil
le *Parnasse satyrique* en 1622, le poète est condamné
à apparaître nus pieds devant Notre-Dame pour y
être brûlé vif en 1623. La sentence est exécutée *in
abstentia* : son effigie et ses livres sont jetés au bûcher
place de Grève. La France s'embrase autour de son
cas.

Théophile de Viau, lui, est introuvable. Il se
terre pendant des mois, passant de ville en ville, de
cache en cache, protégé par des hommes de lettres
célèbres et des inconnus épris de liberté. Finalement
arrêté alors qu'il tentait de gagner l'Angleterre, il est
ramené à Paris sous bonne escorte et emprisonné à la
Conciergerie. Son procès pour pratiques bisexuelles
et apologie de la sodomie est l'occasion d'un défou-
lement littéraire et politique sidérant : tout ce que la
France compte de clercs et de lettrés se mobilise pour
ou contre lui. À la *Plainte de Théophile à un vieil ami*
répond *La Réponse de Tircis à la plainte de Théophile*, à
la *Lettre de Damon envoyé à Tircis et à Théophile* répond
violemment le *Théophile réformé*. L'émotion est telle et

le retournement de l'opinion contre le fanatisme des accusateurs si prononcé que la condamnation à mort est commuée en bannissement. Le cas Théophile de Viau, avec lequel les jésuites espéraient marquer le début de leur règne absolu, illustre les limites de leur puissance : il n'y aura pas en France d'Inquisition systématisée comme en Espagne. Trop de polémiques, trop de divisions pour un seul homme : le roi ne prendra pas le risque de la guerre civile.

Une « affaire » est ce moment caractéristique de notre histoire où le pouvoir ne peut plus, où l'État n'ordonne plus, où la grande muette est condamnée à parler. L'objet du conflit importe moins que le conflit lui-même. Il peut être tragique ou comique, terriblement grand ou incroyablement petit. Même la suppression de l'accent circonflexe et la non-sélection de Karim Benzema à l'Euro de football peuvent chez nous s'ériger en affaire l'espace d'un instant. Au risque du ridicule, tout, chez nous, est une source potentielle de conflit identitaire, c'est-à-dire de conflit dans lequel nous avons l'impression que se joue une part de notre identité.

Pareil ethos antagonique donne à la société française sa singularité. Adolescent, un journaliste américain me confia en riant, après un repas durant lequel les convives s'engueulèrent pendant trois heures sur la Bosnie : « Je suis à Paris depuis quinze jours, je suis allé dans dix dîners, et tout le monde s'est à chaque fois étripé sur Sarajevo. Comme si la Bosnie était un problème français... À New York, dans des classes sociales comparables, on parlerait des enfants, du psy, du boulot, de l'économie, du dernier Scorsese... Je pense d'ailleurs que c'est cette passion du débat qui a donné naissance à votre gastronomie et que c'est notre tendance au *small talk* ennuyeux qui nous a fait inventer le *fast food*. Vos plats si raffinés, si longs à préparer, et vos serveurs si lents dans les restaurants sont en réalité de délicieuses excuses à vos interminables disputes politiques. »

L'esprit de polémique nous habitera toujours, même fatigués par une interminable crise économique, même abasourdis par des attentats d'une violence inouïe. Nous trouverons toujours le temps pour une affaire, y compris en état d'urgence. François Hollande et Manuel Valls l'ont oublié lorsqu'ils ont pensé que la déchéance de nationalité – à première vue un coup tactique parfait visant à s'emparer des propositions de la droite et à réaliser l'union nationale derrière l'exécutif – passerait comme une lettre à la poste parce qu'elle n'était qu'une « mesure symbolique » : le « symbolique » est précisément ce qui nous mobilise.

On pourra, en citant moult sondages, affirmer que seul un petit cercle de « bobos » s'est insurgé contre la mesure visant les binationaux et la « rupture symbolique » de l'égalité des peines qu'elle induisait entre des citoyens français commettant un crime similaire. Possible. Il n'empêche : la réforme constitutionnelle a dû être abandonnée et la déchéance de nationalité n'est pas passée.

Dans un pays où l'identité est en débat et en question, le moindre débat et la moindre question peuvent devenir identitaires. Pour cela, il faut simplement que l'individu en question incarne à un instant T une idée : « Quant aux gens que j'accuse, je ne les connais pas, je ne les ai jamais vus, je n'ai contre eux ni rancune ni haine. Ils ne sont pour moi que des entités, des esprits de malfaisance sociale », écrit Zola dans *L'Aurore* du 13 janvier 1898. Des « entités » ou des « esprits » : des symboles.

Nous sommes les héritiers modernes de l'*épagogê* grecque, cette élévation du particulier vers le général, du phénomène vers le symbole. Entre le dogmatisme, qui nie l'existence individuelle dans sa singularité, et l'empirisme, qui cantonne le particulier dans son irréductible particularité, il y a une manière « épagogique » d'être au monde que nous pratiquons depuis des siècles. Et c'est cette aptitude collective à l'élévation symbolique qui génère les « affaires ». Sans elle,

nos querelles demeureraient bénignes. On ne mobilise toute une nation pour ou contre Dreyfus que si
Dreyfus devient à nos yeux plus qu'un individu parmi
d'autres : un symbole.

Voilà le drame actuel des progressistes : l'incapacité à produire des symboles, des héros. Parce que
la gauche a trop longtemps adhéré à des mensonges
criminels, parce que les mythes communistes ont
conduit des millions d'hommes et de femmes à
fermer les yeux sur le Goulag, elle a accepté l'idée
que tout symbole conduisait *in fine* aux camps de
rééducation chinois et que tout héros – personnage
surinvesti symboliquement – portait en lui la possibilité de Staline. Pour ne plus être pris en flagrant délit
d'utopisme, elle a érigé la déconstruction en méthode
et en horizon. Elle s'est rognée les ailes.

À la mort de Michel Rocard, toute la presse française s'est interrogée sur son rendez-vous manqué
avec l'Élysée. Comment la France a-t-elle pu oublier
d'élire un tel homme ?

Nous sommes le 6 avril 1979 à Metz. Le Parti
socialiste tient son congrès sur fond de rivalité philosophique, politique, sociale et personnelle entre
les tenants de la « première gauche » de François
Mitterrand et les partisans de la « deuxième gauche »
de Michel Rocard. À l'orée de la joute, ce dernier

déclare à propos de son rival : « L'archaïsme politique est condamné, il faut parler vrai, près des faits. » Il est moderne, anticolonialiste, réformiste. Son adversaire fut ministre de l'Intérieur et de la Justice pendant la guerre d'Algérie, vue la carte du programme commun avec le toujours stalinien PCF, traîne des casseroles immenses et cultive des amitiés suspectes avec les cercles collabos. Le congrès de Metz voit pourtant le triomphe du « vieux » Mitterrand sur le « jeune » Rocard.

Les explications hagiographiques faisant de l'honnêteté du second le seul frein à son accession au pouvoir et insistant uniquement sur le cynisme d'un rival prêt à tout pour conquérir l'Élysée ne suffisent pas : Rocard était sans doute plus honnête que Mitterrand, mais il voulait le pouvoir lui aussi. Son problème était plus profond : l'incapacité à élever son discours au niveau du symbole, à s'inscrire dans le récit national. Il était plus populaire, mais personne n'était prêt à se battre pour lui. Il n'osa pas porter l'antagonisme au niveau d'incandescence nécessaire à la victoire. En bref, il n'avait pas le sens des affaires.

La « deuxième gauche » a manqué tous ses rendez-vous avec l'Histoire. On peut blâmer les militants et les électeurs d'avoir préféré Mitterrand. Il n'en faut pas moins s'interroger sur les failles d'un courant de pensée incapable d'investir le champ symbolique français. La dernière intervention de Michel Rocard sur France Inter le 2 février 2016 est lumineuse à ce propos : « Il y a une forme de joie de vivre chez nous à quitter la réalité et à se battre sur des symboles, les Français adorent s'engueuler [...] et les symboles permettent une forme d'excitation collective, mais ne font pas une politique », note-t-il avec ironie.

Mes parents et leurs amis ont eu raison de déconstruire les utopies totalitaires de leur camp philosophico-politique, de s'attaquer aux icônes communistes, de libérer la gauche de son surmoi marxiste-léniniste. Mais, pour imposer leurs idées humanistes, il fallait reconstruire un édifice symbolique sur ce champ de ruines. Se libérer de mythes mensongers et criminels est une émancipation joyeuse qui exige ensuite un long travail de réécriture, de reconstruction. Or, ce travail ne fut pas fait. Sur les ruines des anciennes croyances, les communicants et les pubards ont triomphé, conduisant à la débâcle d'idéaux progressistes transformés en gadgets et à l'inversion des rapports de forces idéologiques dans notre pays. Si les droits de l'homme, l'Europe, le cosmopolitisme, l'existentialisme, le voltairianisme sont battus en brèche, c'est qu'ils ne font plus sens, ne produisent plus de symboles, n'éveillent plus de passion.

Dans les conflits métapolitiques et métaphysiques qui structurent notre espace public, les plus vocaux, les plus enthousiastes gagnent. La gauche est condamnée à la défaite si elle n'abandonne pas son attitude de rentière gérant un capital symbolique qu'elle a laissé s'évaporer depuis bien longtemps. Nous devons incarner à nouveau notre vision de la France dans des causes, des individus, des mouvements. Il est temps que Renart reprenne place au centre de l'arène française. Tartuffe et Ysengrin ont gagné des batailles, mais la guerre n'est pas finie. Elle ne « finira jamais ». Encore faut-il la mener.

Les enfants du siècle

En 2012, François Hollande avait fait des jeunes la priorité absolue de son mandat. Il avait raison.

Lorsque des Français de vingt ou trente ans massacrèrent d'autres Français de vingt ou trente ans au nom d'un califat édifié à coup de cadavres au cœur du désert irako-syrien, le Premier ministre Manuel Valls promit d'abattre les murs des « ghettos » et de remettre de la république partout, de gré ou de force. Il avait raison.

Le président annonça alors la création d'un service civique. Loin d'être superflue, la décision d'exiger de chacun de nous qu'il serve la communauté nationale, sorte de son environnement social, culturel, religieux pour épouser la chose commune est une nécessité.

Notre France ne peut être simplement multiculturelle, elle est cosmopolite. Le cosmopolitisme républicain dépasse infiniment l'acceptation de la diversité des origines, des fois ou des pratiques : c'est la quête du commun par-delà ces différences. Une telle quête ne va pas de soi. Elle suppose des creusets, des lieux et des moments de brassage.

Lorsqu'un jeune de Trappes ne croise à aucun moment de sa vie un jeune d'un village alsacien et ne partage rien, sauf hasard de l'existence, avec un enfant des beaux quartiers parisiens, la conscience du commun ne voit pas le jour. La république ne peut se reposer sur les hasards de l'existence et les exceptions liées à la chance ou au talent. Elle doit s'imposer à tous comme une opportunité *et* une exigence.

Jacques Chirac eut raison d'abolir un service militaire qui ne remplissait plus sa mission. Il eut tort de ne le remplacer par rien. François Hollande visa juste en lançant le chantier « prioritaire » du service civique.

Mais, en le basant sur le volontariat, il s'arrêta en chemin. Il a, comme d'habitude, écouté les uns et les autres, pris en compte les récriminations d'une partie de ses conseillers, produit une « synthèse ».

Or, les synthèses ne transforment pas le réel, elles ne font que le gérer. Le jeune volontaire auquel François Hollande fait appel est *déjà* sorti mentalement de son « ghetto », il adhère *déjà* à la chose commune, il donne *déjà* du sens à sa citoyenneté française. Si l'on veut abattre les murs dont parle Manuel Valls, il faut toucher celles et ceux qui ne se portent pas volontaires, celles et ceux pour qui – quelles que soient leurs origines – appartenir à la communauté nationale ne relève pas de l'évidence.

Le service civique ne peut être qu'obligatoire pour avoir un impact. Tous, filles et garçons, riches et pauvres, doivent donner leur temps et leur énergie à la collectivité. Un an ou six mois hors de leur quartier. Un an ou six mois au-delà et au-dessus – oui au-dessus – d'eux-mêmes, de ce qu'ils sont naturellement. Car seule l'expérience d'un au-delà de soi, d'une prééminence du tout sur les atomes permet de devenir réellement citoyen.

Pareille obligation dérangera les habitudes, les projets professionnels, les vies personnelles ? Très bien. Il faut nous résoudre à l'intrusion du public dans le privé, vivre à nouveau le civique comme premier et l'individuel ou le communautaire comme second. En droit et en fait. Sans quoi le commun disparaîtra. La république ne peut être à la carte. Le citoyen n'est pas face à elle comme le consommateur devant les étals d'un supermarché.

Une fois de plus, François Hollande n'est pas allé au bout de son idée. Comme sur l'Europe, comme sur les impôts, comme sur l'économie. Le service civique n'est qu'un exemple. Et François Hollande n'est qu'un symptôme.

Le pays de Hugo et de la Révolution, le pays du 4 et du 26 août 1789, le pays des idées qui changent le monde, est aujourd'hui dominé par la mollesse conceptuelle. Et la conscience est désormais aiguë que cette mollesse n'est plus adaptée aux temps de crise que nous traversons.

Partout en France, du nord au sud, des banlieues marseillaises aux zones périurbaines picardes, le même dépit, exprimé très différemment, se fait entendre. Les mêmes questions affleurent : Où va notre nation ? Autour de quoi nous rassembler ? Comment être à nouveau fiers et heureux d'être Français ?

Pendant des décennies, nos dirigeants ont considéré que la république, les droits de l'homme, l'universalisme, le cosmopolitisme, la laïcité, la justice sociale, la construction européenne étaient acquis, qu'ils étaient aussi naturels que l'air qu'on respire.

Ces dirigeants bien nés, bien éduqués, bien habillés ont cru à la fin de l'Histoire et des conflits. Ils ont pensé voir un soir de novembre 1989 le mur de Berlin emporter dans sa chute l'ensemble des menaces, des défis, des questions qui ébranlent et animent nos sociétés depuis leur création. Ils ont imaginé qu'une fois la guerre froide terminée, il n'y aurait plus de guerre, ni froide, ni chaude. Ils ont cru que tout irait de soi.

Or rien ne va jamais de soi. La république est un combat à toujours recommencer. Et l'histoire – cette histoire tragique qui était censée appartenir au passé – frappe à notre porte sous la forme d'attentats sanglants et de passions autoritaires ressuscitées. Elle nous trouve nus, privés des mots pour la dire, manquant de force pour l'affronter et la faire.

Que s'est-il passé ?

Une génération, celle de 1968, a déconstruit des mythes dont le poids et la rigidité étouffaient la société. Elle a libéré l'individu. C'était vital. Mais elle a oublié le commun. Ce fut fatal. Elle eut raison de détruire ce qui ne fonctionnait plus, elle eut tort de ne rien reconstruire.

On se trompe en lui reprochant ses supposées trahisons et ses théoriques retournements de veste : jamais génération ne fut aussi cohérente. Elle a jusqu'au bout joué le rôle déconstructeur et éman-cipateur qu'elle s'était donné, laissant Cohn-Bendit rêver seul à Bruxelles à l'édification de nouveaux champs démocratiques.

Il incombait donc à la génération suivante, qui, elle, fut loin, très loin, de refuser le pouvoir, celle de François Hollande et de Nicolas Sarkozy comme de la majorité de nos leaders politiques, de reconstruire un horizon commun.

249

Cette génération a pris l'Élysée, Matignon, les entreprises du CAC 40 et les médias, mais elle n'a rien reconstruit. Elle n'a ni détruit, ni bâti. Elle a imaginé qu'on pouvait vivre heureux dans le néant, sans rêve collectif ni récit commun. Elle a pensé qu'on dirigeait un pays comme un parti ou une entreprise. Elle restera comme la génération du vide.

Les disciples de Séguéla n'ont connu ni guerre, ni révolution. Ils n'ont jamais rencontré d'au-delà à leurs soucis ou bonheurs individuels, jamais touché du doigt le tragique de l'histoire.

Ils n'ont vécu – dans leurs années de formation – aucun de ces moments-clés qui définissent l'avenir d'une nation et exigent que chacun d'entre nous s'élève au-dessus de soi-même et se dévoue – *complètement* – à la survie du tout.

Or nous vivons aujourd'hui l'un de ces moments. Et cette génération qui n'a ni légende, ni héros et qui ne s'est, au fond, jamais inquiétée de ne pas en avoir, se révèle logiquement incapable de faire face.

L'Histoire arrive trop tard dans sa vie : elle est déjà formatée. Et elle répond à la crise (financière, sécuritaire, identitaire) comme on lui a appris à le faire : par de la com'.

Quoi qu'on pense de sa politique, Angela Merkel est née dans un pays et elle en dirige un autre, elle a rencontré l'Histoire, elle a vécu la réunification, elle sait qu'il existe des choses plus importantes que les sondages du jour. D'où son obstination, pour le pire comme le meilleur, d'où l'impression qu'elle est en mesure d'appréhender un événement historique et de se hisser à son niveau.

Quelle est au contraire l'expérience fondatrice d'un dirigeant français ? Une victoire ou une défaite lors d'une élection dont l'enjeu n'a rien d'historique, un mariage ou un divorce, une relation tendue à un père ou une mère... Rien qui puisse le préparer à la crise actuelle.

Ni aux attentats, ni à la possibilité du démantèlement de notre démocratie, ni aux signes avant-coureurs d'une implosion de l'Europe.

Lorsque plus rien ne fait sens naturellement, lorsqu'une nation est ébranlée conjointement par des actes de guerre et par l'atomisation sociale, seuls ceux qui ont un horizon collectif à offrir aux citoyens ont voix au chapitre.

François Hollande et Nicolas Sarkozy ont eu leur chance. Nous avons attendu des mois et des mois qu'ils trouvent les mots, les gestes, les actes pour sortir la France de sa tétanie. Il ne sert plus à rien d'attendre : ils n'en sont tout simplement pas capables.

François Hollande, en refusant d'aller au bout de la moindre idée, même la moins révolutionnaire, et Nicolas Sarkozy, en allant au bout de toutes les idées, même les plus contradictoires, participent d'une apesanteur idéologique similaire. Ils expriment un rapport tout aussi distant aux idées, à leur force et leur nécessité. Ils sont, fondamentalement, post-modernes. Ils se sont préparés toute leur vie à la gestion d'une nation calme, « sans histoire ». Les tumultes de notre temps les condamnent. Et ils risquent d'emporter notre France dans leur chute.

Car il existe bien un horizon collectif immédiatement disponible. Un horizon qui semble cohérent et a le vent en poupe.

Cet horizon, c'est celui du repli identitaire, du national-souverainisme, du rejet de tout ce qui fit notre France : rejet de l'identité complexe de Renart, rejet de l'universalisme de 1789, rejet de l'Europe de Hugo et Monnet, rejet du droit du sol légué par la monarchie et de la vision cosmopolite consubstantielle à la République... Ces rejets forment une vision. Ils ont des têtes de proue pour les incarner, un mouvement politique pour les porter. Et, cette fois-ci, scander « F comme fasciste, N comme nazi » ne suffira pas.

Face à ces rejets, il faut comprendre pourquoi, quand vous êtes au chômage à Calais ou Saint-Denis, quand vous n'avez plus de commerce, plus de poste, plus de service public à moins de 30 kilomètres, pourquoi les slogans sur la liberté, l'égalité, la fraternité répétés depuis le centre-ville de Paris ne font plus sens. Contre ces rejets, la seule solution est de faire vivre à nouveau nos principes, sans inhibition ni couardise. De retrouver l'esprit du 4 et du 26 août 1789, de renouer avec un récit français qui est tout sauf un catalogue de musée : un appel à transformer le réel et à changer le monde.

En janvier et novembre 2015, les jeunes français se sont heurtés au tragique de l'Histoire assez tôt dans leur vie pour comprendre que rien n'est acquis ni donné.

La plongée dans le récit français que nous venons d'effectuer n'avait d'autre but que de nous préparer à la longue lutte qui s'annonce. En reprenant possession de notre passé, nous redécouvrons les mots, les gestes, l'attitude que le présent et l'avenir exigent de nous.

La France bout, pour le meilleur comme le pire. L'énergie citoyenne est là, disponible, en attente, les initiatives se multiplient dans la société civile. Il reste à promouvoir le récit qui leur donne sens, à inventer le débouché politique qui les transforme en projet national. Voici la grande tâche de notre génération.

Bibliographie

Au cours de ce voyage au cœur d'une certaine identité française, nous avons cheminé successivement avec :

Jules Michelet, *Histoire de France* et *Précis d'Histoire de France.*
Le Roman de Renart.
Molière, *Tartuffe.*
Jean Bodin, *Les Six Livres de la République.*
Michel de Montaigne, *Essais.*
Sébastien Le Prestre de Vauban, *La Dîme Royale.*
Alexis de Tocqueville, *L'Ancien Régime et la Révolution.*
Romain Gary, *La Promesse de l'aube.*
Georges Bernanos, *Lettre aux Anglais* et *Le Chemin de la croix-des-âmes.*
Général de Gaulle, *Mémoires de guerre.*
Joseph Kessel, *Ami, entends-tu...*
Louis Aragon, *Les Yeux d'Elsa* et *Strophes pour se souvenir.*
Benoît Rayski, *L'Affiche rouge.*

Notre France

François Furet, Mona Ozouf, *Dictionnaire critique de la Révolution Française.*
Edmund Burke, *Réflexions sur la Révolution de France.*
Thomas Paine, *Les droits de l'homme.*
Jules Michelet, *Histoire de la Révolution française.*
Pierre Clastres, *La société contre l'État.*
Étienne de La Boétie, *Discours de la servitude volontaire.*
Jean Racine, *Andromaque.*
Simone Weil, *La Condition ouvrière.*
Jules Vallès, *L'Insurgé.*
Victor Hugo, *Les Misérables.*
Beaumarchais, *Le Barbier de Séville* et *Le Mariage de Figaro.*
Denis Diderot, *Jacques le Fataliste.*
Marivaux, *La Fausse Suivante* et *Le Jeu de l'amour et du hasard.*
Michel Delon, *Dictionnaire européen des Lumières.*
Jean-Paul Sartre, *L'existentialisme est un humanisme.*
François Rabelais, *Pantagruel* et *Gargantua.*
Mikhaïl Bakhtine, *L'œuvre de François Rabelais et la culture populaire au Moyen-Âge et sous la Renaissance.*
René Descartes, *Le discours de la Méthode* et *Traité sur la dioptrique.*
André Glucksmann, *Descartes, c'est la France* et *Les Maîtres Penseurs.*
Alfred de Musset, *Confession d'un enfant du siècle.*
Paul Nizan, *Aden Arabie.*
Voltaire, *Lettres Philosophiques ou Lettres anglaises, Candide* et *Dictionnaire philosophique.*

Dire et aimer ce que nous sommes

Jean Monnet, *Mémoires.*
Victor Hugo, *Napoléon le Petit, Actes et Paroles.*
Collectif, *Journal de la France et des Français.*
Pascal Ory, *Dictionnaire des étrangers qui ont fait la France.*

Table des matières

CHEZ LE MÊME ÉDITEUR

Jean Abitbol, *Le pouvoir de la voix*

Louis Bériot, *Un café avec Voltaire*

Diane Brasseur, *Les fidélités – Je ne veux pas d'une passion*

Laurence de Cambronne,
Madame de Staël. La femme qui faisait trembler Napoléon

Christine Clerc, *Le Tombeur du Général*

Jérôme Colin, *Éviter les péages*

Matthias Debureaux,
De l'art d'ennuyer en racontant ses voyages

Philippe Douroux, *Alexandre Grothendieck*

Marc Dufumier,
50 idées reçues sur l'agriculture et l'alimentation

Marc Giraud,
Comment se promener dans les bois sans se faire tirer dessus ?

Raphaël Glucksmann, *Génération gueule de bois*

Philippe Hayat, *Momo des halles – L'avenir à portée de main*

Serge Hayat, *L'Empire en héritage*

Alexandre des Isnards, *Dictionnaire du nouveau français*

Jooks, *Dans la tête des mecs*

Slimane Kader, *Avec vue sous la mer*

Bernard Kouchner et Adam Michnik, *Mémoires croisées*

Alexandre Lacroix,
Ce qui nous relie. Jusqu'où Internet changera nos vies ?

Elisabeth Laville, *Vers une consommation heureuse*

Pascal Louvrier,
Je ne vous quitterai pas – L'état du monde selon Sisco

Philippe Nassif, *Ultimes*

Florent Oiseau, *Je vais m'y mettre*

Charles Pépin, *La Joie – Les Vertus de l'échec*

Bernard Pivot, *Au secours ! Les mots m'ont mangé*

Matthieu Ricard,
Plaidoyer pour les animaux – Trois amis en quête de sagesse,
avec Christophe André et Alexandre Jollien,
coédition L'Iconoclaste

Sous la direction de Matthieu Ricard, *Vers une société altruiste*

François-Olivier Rousseau, *Devenir Christian Dior*

Nicolas Santolaria, *Touriste, regarde où tu poses tes tongs*

Riad Sattouf,
L'Arabe du futur (3 tomes) – *Les Cahiers d'Esther* (tome 1)

Jean Vautrin, *Gipsy Blues*

Imprimé en France par CPI

N° d'impression : 3019306
Dépôt légal : octobre 2016
ISBN : 978-2-37073-076-3
U 73076/61